典籍點校整理叢刊

王吉相集

〔清〕王吉相　撰
張波　胡蓮　編校

清 道光二十四年邵州官署刻本四書心解 大學書影

四書心解大學

古豳王吉相著　　鄠賈錫智校正

大學總論

大學一書，曾子發明論語之道也。論語凡言學，皆明德也；凡言治，皆新民也；凡言仁、言樂、言敬，皆止於至善也。凡言智、言知，皆知止也。至安仁、好仁之分，即誠正之淺深；四勿九思，躬行之類，皆格物修身之實也。大學之道，論語至矣盡矣，但其言各散著，有先天河圖氣象，學者難以貫通，故曾子統之而作大學焉。其

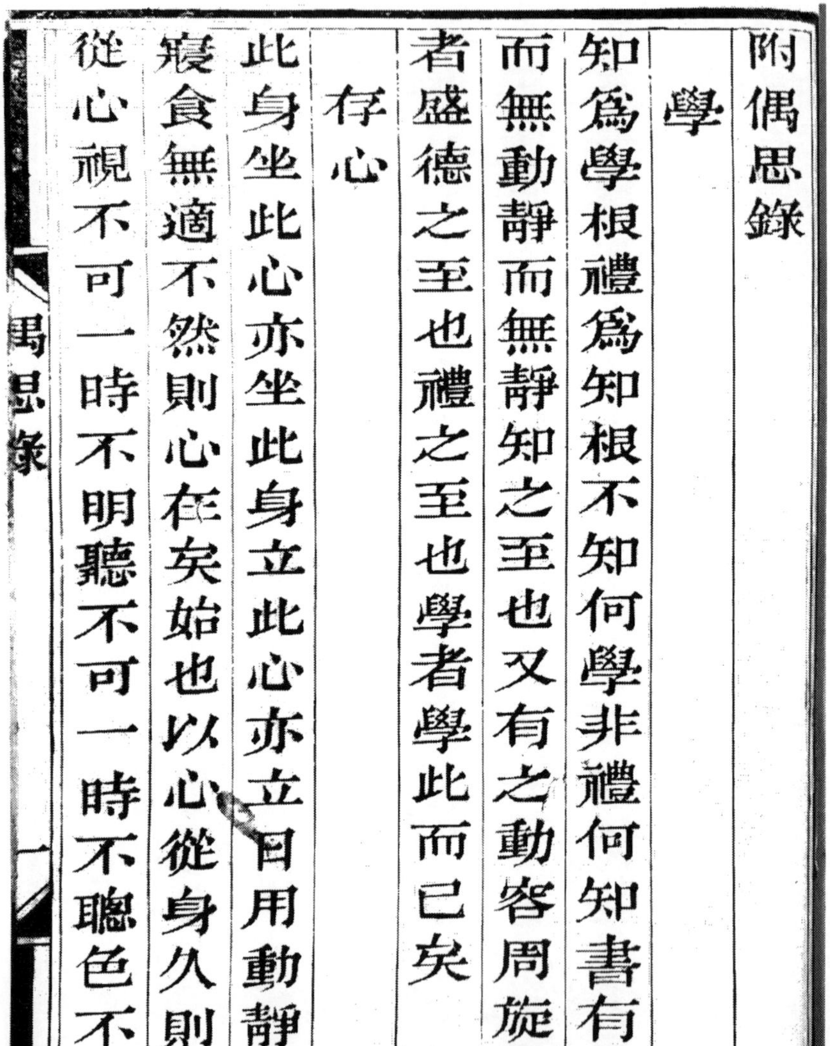

附偶思錄

學

知爲學根禮爲知根不知何學非禮何知書有之動而無動靜而無靜知之至也又有之動容周旋中禮者盛德之至也禮之至也學者學此而已矣

存心

此身坐此心亦坐此身立此心亦立日用動靜晝夜寢食無適不然則心在矣始也以心從身久則身皆從心視不可一時不明聽不可一時不聰色不可一

偶思錄　一

清道光二十四年邰州官署刻本四書心解附偶思錄書影

編校說明

王吉相，字天如，陝西邠州（今陝西彬縣）人。清初關中著名學者和思想家、二曲學派重要傳人。生於清順治二年（乙酉，一六四五）七月二十日，卒於康熙二十八年（己巳，一六八九）八月二十三日。王吉相幼年家境貧困，曾游學涇陽書室，晝爲傭工，夜則默誦，後爲塾師所賞識，得以觀摩自修，學業大進。康熙十一年（壬子，一六七二）中解元，十五年（丙辰，一六七九）舉進士，後改庶吉士。每自嘆云：「學不見道，何容以未信之身，立朝事主？」曾在養病家居時，問學於清初關中大儒李二曲（李顒，字中孚，世稱二曲先生），專心於心性之學。二曲授以知行合一之旨。王吉相躬行力踐，造詣有成，著有四書心解、偶思錄，發前人所未發，爲關中士林多所稱道。以下僅就其思想著述特徵及著作流傳整理情況加以說明。

一

王吉相之學屬於宋明心學一脈，遠可追溯象山、陽明，近則深得二曲心傳，尤於四書鞭辟入裏。二曲贊許王吉相「質淳行篤」、「學務求心」，他的著述四書心解能「自成一家之言」、「洞原徹本，學見其大」。（四書心解序）後世學者大都不違二曲上述褒贊，對王吉相及其四書心解多持以正面評價：或稱其人「寒儒崛起、艱苦力學」（賈錫智語）、「躬行力踐、期於必至」（王心敬語），或論其書「獨抒己見」、「發前人所未發」（路德語）、「本其心所獨得，一洗講家之習」（韓鈐語）。據此，可見王吉相學行風範及思想特色。一般而言，王吉相思想著述有以下特徵：

其一，「大學、中庸、孟子皆爲發明論語之道」。王吉相注重以四書解四書，尤其將論語作爲四書的義理核心，會通學、庸、孟子。諸如，其論「大學一書，曾子發明論語之道也」（四書心解卷一）、「大學之道，論語至矣盡矣」（四書心解卷一）、「子思又懼學者不知誠正之爲本，而皆事乎視聽言動事爲之末，故從而作中庸焉」（四書心解卷二）、「孟子一書所以著明孔子之道，而與論語、學、庸相表裏者也」（四書心解卷五）。可見，在王吉相看來，曾子、子思、孟子作學、庸、孟子雖各有其「不得已」的緣由，但學、庸、孟子均是發明孔子之道，其道理已全具於論語，論語之外亦無更深的義理。顯然，上述論述不僅突出了論語高於他書的卓然地位，又維護了他書存在的必要性，從而將四書緊密關聯起來，即形成以論語爲中心、學、庸、孟子爲輔助的四書學詮釋體系。這一詮釋體系將四書做一個整體來看待，注重諸書哲學範疇的會通與互詮。諸如，王吉相說：「論語凡言『學』，皆『明德』也；凡言『治』，皆『新民』也；凡言『仁』、言『樂』、言『敬』，皆『止於至善』也；凡言『智』、言『知』，皆『知止』也。至『安仁』、『好仁』之分，即『誠』、『正』之淺深；

『四勿』、『九思』躬行之類，皆『格物』、『修身』之實也。」（四書心解卷一）又論論語學而篇：「首節是『明德』，次節是『新民』，末節是『止至善』。一『學』字通冠三節，是即大學。」（四書心解卷三）可見，論語與大學名目雖不同，但內涵卻是一致的。當然，大學之於論語如果只是換個名目而呈現，那也就體現不出其存在的必要性了，實際上，王吉相將四書互詮更在於互相「發明」，尤其是對論語的「發明」。諸如，他說：「其曰『明德』，見『博文』『約禮』之非泛涉，而『志據』、『依游』之爲『誠身』、『明善』也。」（四書心解卷一）論語言「博文約禮」，大學點出「明德」，將其作爲「博文約禮」的指歸，也即說，「博文約禮」必須指向「明明德」，如果於「明明德」無所增益，就不能算是「博文約禮」的範圍。程頤曾有「只務觀物理，泛然正如游騎無所歸」（程氏遺書卷七）的擔憂，而王吉相正可在一定程度上對學者工夫有所提醒。王吉相又說「大學『齊家』、中庸『造端夫婦』，皆是一意」（四書心解卷一），並認爲「此章與大學『聖經』相表裏」（四書心解卷一）。顯然，這些言論試圖貫通義理，整體性地理解四書，這亦不失爲研讀四書的方便法門。

其二，注重條貫四書篇章大意。王吉相在解讀四書時，往往於大學總論、中庸總論、論語總論、二孟總論以及於篇章釋解中，闡述並會通四書及其各篇章大意。諸如，在解讀論語先進篇時，王吉相說：「此篇首『先進』，見禮樂爲教化之本也。次『陳、蔡』，因首章『如用』之句，惜夫子終不果用，而有陳、蔡之厄也。『回也』以下，因四科之賢，而實序其行詣也。不及伯牛、仲弓、宰我、子游者，以事實、篇章各有相因，而不必重爲序也。參以南容、子張、曾子、子羔、曾晳、公西華者，見聖門之多賢，而不以與難之十人終也。『季康子、子然』亦答問之教。而論篤一章，因子張之務外而序及也。首以禮樂，終以禮樂，見禮樂爲陶淑人才之具，而諸賢皆在陶淑之中也。」顯然，王吉相通過揭示論語各篇各章大意，條貫論語全文；並將論語與大學、中庸、孟子關聯作解，會通四書。至於上述「類比」是否合理、「序意」是否有據，雖然需要進一步探索，但其嘗試是可貴的，有助於建立一種新四書學體系。

其三，「尤諄諄於一『知』字」。王吉相學於二曲，二曲授以「知行合一」之旨。王吉相著述中以「知」作爲最重要的概念，並將其貫徹於對整部四書的解讀中。王吉相對「知」字的理解亦來自於其親身體悟。他說：「一日之夜偶思及『格致誠正』、『三不知』、『聞知』、『見知』之語，而恍然於『知』之在此而不在彼，格致之功亦如此而不如彼也。」（四書心解自識）王吉相認爲，「識得這『知』字，則千聖之心傳備矣」（四書心解卷一），「論語、孟通部皆有『知』在其中，而篇末復以『三不知』、『聞知』、『見知』終焉」（四書心解卷五），「論語一部只是論『學』。『學』止是盡仁存仁之功，止是一『知』」（四書心解卷三），「此『知』字是一篇的精神、一部的主宰，與『時習』相應」（四書心解卷三），「這『知』不是知識之知，是知識的根子，如夜光之珠。然未與物接，本自光明；物一來前，便自照的分曉。晝間本自光明，夜間也是如此，故曰『明德』」（四書心解卷一）。顯然，「知」這一概念在王吉相的學問生命中具有重要地位和價值。在他看來，聖賢千載心傳只是一「知」

字，論語、孟子通部皆有「知」字貫徹其中。此外，他還把「知」與大學的「明德」關聯，認爲用「知」來形容「明德」最爲恰當。他說：「明德說心亦得，說性命亦得，但心與性是混皮話，人難捉摹。不如下文『知』字最了當明白。」（四書心解卷一）需要注意的是，王吉相語境中的「知」並不是「知識之知」，而是「知識的根子」。質言之，這裏的「知」具有本體意，是一切光明和知識的根底。顯然，這一理解具有鮮明的陽明學傾向。

其四，注重「心解」。「心解」是王吉相詮釋四書的重要方法。路德認爲，四書心解「其言獨抒己見，不依傍程朱之說，而融會貫通，頭頭是道，實能得人心之所同然，發前人所未發」（四書心解序）。王吉相本人對「心解」有獨到看法，並將此作爲解經方法和解經的效驗。他說：「心解者何，解心也。經書，傳心錄也；讀書，治心功也。」（四書心解自識）那麼，如何驗證解經成效呢？王吉相認爲，「解之而心安，則古人之書誠然；解之而心不安，則古人之書未必然。誠然者，體而行之；未必然者，姑舍是焉。如此則我心不迷於古人之書，而古人之書亦不晦於我心。庶幾乎心與書皆得，而道理以之而明，學術以之而正也。」（四書心解自識）上述言論充分體現了王吉相不迷信經書和以往成說的治學態度，尤其反對對前代傳注的迷戀，強調要著心於經書之本旨與己心的會通，認爲一味持守專注只會「以差傳差」、「以謬傳謬」，不僅不能稱爲「書解」，更不能稱爲「心解」。事實上，王吉相注重「心解」的爲學方法和態度，直接影響其對朱熹四書章句集注的理解。王吉相早年著意科舉，必然會留心於四書章句集注，但在他問學二曲前後，所解的四書並不遵朱註，雖然其間亦有一二認同朱註，但與其批評之處相較，其數量就太微不足道了。在他的著述中，屢屢出現，「註『學之爲言效』不必泥」（四書心解卷三），「註視天下之物無加於此者，不必泥」（四書心解卷三），「註『其爲人也，可欲而不可惡』，不必泥」（四書心解卷三），「註分『所厚』謂『家』，『所薄』謂『國與天下』，不必泥」（四書心解卷三），以及諸多「註解不必泥」、「註不必泥」的言論。王吉相對於朱註的基本態度，尤其對諸朱熹之說的具體批評，乃是基於其「心解」及其工夫效驗。王吉相說：「閒嘗閱四書傳註，如解『格物』爲『窮至事物之理』，『誠意』爲『自修之首』，而『明德』八條皆有次第工夫，則是以『致知』爲學問思辨之功，以『誠』『正』『修』爲篤行之功，分知、行爲二事，而淺視『致知』爲推測之能也。」（四書心解自識）可見，王吉相對朱註的批評乃是延續陽明心學思致，似無新意。但他又說：「傳註誣認『知』字，故通部中解『知』皆向事物之理邊，不知知行原是合一的，皆在心上。」（四書心解自識）則是從「知」字上探尋突破口，顯示出朱熹致知格物論可能存在的問題。朱熹訓「致知」爲「推極物之知識」、「格物」爲「窮至事物之理」（大學章句），而由於致知工夫全在格物上做，所以「知」最終也必然落在「物理」上。據此，王吉相所說不無道理，朱熹解「知」確實偏向事物之理邊，由此導致的可能後果即是言物而遺心、知行難合一。王吉相即從踐行的可能性對之提出質疑：「人生有限而物理無窮，必知至然後去行，彼上智者或可庶幾，如愚柔者徒自困苦終身也耶？」（四書心解自識）朱熹認爲不能實行乃是因爲不「眞知」，而要求學者回頭做致知的工夫，致知格物「知」占得過多，難免擴大知行之間的距離，未免不落入知行不一的境地。事實上，王吉相重視「心解」及工夫效驗，與其本人學履經歷密不可分。據其師李二曲介紹：「天如質淳而行篤，問道於予，學務求心」，「昔有一士，千里從師。師悉出經史，期在盡授。甫講一語，其士即稽首請退，浹月弗至。師問之，對曰：『未盡行初句，弗敢至也。』必如此，始可謂善讀善闡，無所負。今求其人，王子天如其殆庶幾乎！」（四書心解序）論語有言：「子路有聞，未之能行，唯恐有聞。」（論語公治長）二曲以「未盡行初句，弗敢至也」之士比方王吉相，不正以子路之事表彰其爲學之勇？王吉相自治甚嚴，甚至曾「自置厚磚一塊，作磚師贊。每省有過，即焚香長跪，加磚頂上，自怨自艾。」故磚師贊有「此過不改，此身不起」等語。據此看來，王吉相上述力學實踐，雖然過於嚴苛，但其精神甚爲可敬。因此，其爲自然學重視心解，將四書視爲「傳心之書」。

總之，對於程朱學脈而言，王吉相的思想與著述，後人必然會有不同看法。諸如，李元春在爲四書心解作序時說：「朱子之學之精盡在四書，其爲功於後學亦盡在此。……今先生書乃多異說，使予爲序，當若何置筆？」又說：「又如『格物』一條，此朱子、陽明大相戾者，而先生兼斥之，予以爲皆非」、「如此可疑者不少，予焉能起先生於九京，而與之一一相質哉」（四書心解序）。可見，李元春極不贊同王吉相對朱熹集注的駁斥。斯人已逝，也不可能如李元春所願進行對證。誠然，朱註至精，卻也未必「添一字不得，減一字不得」（朱子語類卷十九）；況且王吉相於清初以朱子學爲學界主流的背景下提出不同意見，亦可見其獨立思考、不隨意依附的學問品格。

二

王吉相著述主要包括四書心解和偶思錄。四書心解初刊於清康熙二十二年（癸亥，一六八三），後散佚，邠人楊西坡曾搜求完本，但是在其將議重刊之時，因患疾病而未能如願。其子楊春山雖然承續其父刊刻四書心解的志願，但是又逢家道衰落，仍然未能克舉此事。直至道光二十三年（癸卯，一八四三）秋，時任邠州學正的賈錫智從楊氏獲得原書後，與邠州知州韓鈖募金重梓，並於次年夏竣事，是爲現存世流傳的道光二十四年邠州官署刻本。值得注意的是，關於康熙本四書心解，據整理者視野所及，不僅現存各類清代書目未加著錄，國內各地圖書館也未見收藏，恐久已亡佚。邠州官署刻本不分卷，其內容安排依次爲：張汧序、李顒序、王吉相自識、路德序、正文大學、中庸、論語上、論語下、孟子卷上、孟子卷下；並附偶思錄（其末又附桃仁贊與磚師贊）與應試硃卷六篇；最後爲韓鈖跋、賈錫智跋。

本次整理，四書心解、偶思錄、應試硃卷均以道光二十四年賈錫智校正的邠州官署刻本爲底本，相關文字參校於四書。四書心解內容依次理爲六卷，分別爲大學、中庸、論語上、論語下、孟子上、孟子下；偶思錄十三則；應試硃卷六篇，分别爲鄉試硃卷三篇、會詩硃卷三篇；遺文分別爲桃仁贊、磚師贊以及新輯堊室錄感序、洗心水禪師語錄序、懷遠將軍萬程李君墓誌銘三篇佚文。並將王吉相自識置於四書心解卷首，張汧、李顒、路德、李元春所撰四書心解序，賈錫智、韓鈐所撰四書心解跋，以及續修四庫全書總目四書心解提要置爲附錄一，關學續編、關學宗傳中的王吉相傳記置爲附錄二，期以形成體例較爲合理、內容全面的王吉相集整理本。在整理過程中，凡是底本刊誤、依四書或其他相關文獻改正並出校。凡明顯俗字、古體字、後世避諱字等，均逕行改正。

最後，需要說明的是，本書中的四書心解內容於二〇一三年獲相關古籍整理課題立項，並於次年初次整理完成，其後間有修訂。本次編校則在前期基礎上逐字覆校，改正訛誤曲解處良多。尤其需要感謝的是，詹海雲先生在本書整理出版過程中幫助校讀書稿，提出了許多寶貴的修改建議，並協助辦理出版事宜，謹志我們衷心的謝忱和敬意。張晏瑞總編輯熱心扶植出版，林以邠小姐細心佐理編校，並此致謝。

張波　胡蓮謹識

二〇二二年七月三十日

目次

偶思錄

應試硃卷

遺文

附錄

四書心解

自識

心解者何？解心也；經書，傳心錄也；讀書，治心功也。治心而不解心，恐講習討論之總無當於心也。故書言「體」，當解我心之體爲如何；書言「用」，當解我心之用爲如何；書言工夫效驗，當解我心之工夫效驗爲如何。解之而心安，則古人之書誠然；解之而心不安，則古人之書未必然。誠然者，體而行之；未必然者，姑舍是焉。如此則我心不迷於古人之書，而古人之書亦不晦於我心。庶幾乎心與書皆得，而道理以之而明，學術以之而正也。今之讀書者不解書之本旨爲如何，亦不解我心之會通爲如何，而一以傳註爲宗。抑思心猶書之本體也，書猶心之容貌也，傳註猶丹青之寫眞也。丹青寫眞，肖其偏官，未必肖其全體；肖其形容，未必肖其神情。即形神無差，而亦未必無一莖鬚之多、一瘢痣之少也。豈註之傳書而遂能精粗淺深之皆中，無所謂毫釐之差、千里之謬，如一莖鬚之多、一瘢痣之少也耶？夫以不能無差無謬之傳，而竟信至精至微之書爲如此。竊恐以差傳差，以謬傳謬，不惟不能爲書解，而亦且無以爲心解也。閒嘗閱四書傳註，如解「格物」爲「窮至事物之理」，「誠意」爲「自修之首」，而「明德」八條皆有次第工夫，則是以「致知」爲學問思辨之功，以「誠」、「正」、「修」爲篤行之功，分知、行爲二事，而淺視「致知」爲推測之能也。夫「知」爲千聖心傳，曰「欽明」，曰「濬哲」，曰「克明」，曰「智」，曰「明」，曰「明德」，曰「知性知天」，皆「知」也。故仁爲「知」之體，義禮爲「知」之用，信爲「知」之貞德，勇爲「知」之強力，而敬爲「知」之工夫。他如誠也、樂也、中也、直也，萬事萬理皆一「知」爲終始也。識得這「知」，則千聖心傳，一以貫之矣！傳註誣認「知」字，故通部中解「知」皆向事物之理邊，不知知行原是合一的，皆在心上。如單就事物說，試思未遇事物時，此心遂可昏昏無用也乎？且「博學」五項果爲徒求事物之理乎，抑爲反求吾心乎？「時習」爲白晝醒時而然乎，抑爲不舍晝夜乎？既爲不舍晝夜，這夜夢裏果習何事也耶？況人生有限，而物理無窮，必知至然後去行，彼上智者或可庶幾，如愚柔者徒自困苦終身耳！愚爲此疑久矣，但鄙事舉子業，以尊註取士，不得不勉爲適從；且以方事字句，亦不暇細爲體勘。及以病家居六載，失血者七，病覺危矣，此心不復爲世用矣。故一日之夜偶思及於「格致誠正」、「三不知」、「聞知」、「見知」之語，而恍然於「知」之在此而不在彼。格致之功亦如此，而不如彼也。故詰旦即命子輩書之，嗣是隨思隨書，積日累月，不覺成帙。

是帙成於病中，詞句荒唐錯亂，本不足當達觀者一睹。然竊思愚人有一獲之慮，狂夫有聖擇之言，此荒謬中亦未必無一二言可供採擇者。愚既病廢，爲跛僧說法，如有同志，何不作他山之石以獻也？故不自諒自恥，而梓行以爲世臭，有道君子幸毋爲愚鄙焉。古豳病夫王吉相自識。

卷一 大學

大學總論

大學一書，曾子發明論語之道也。論語凡言「學」，皆「明德」也；凡言「治」，皆「新民」也；凡言「仁」、言「樂」、言「敬」，皆「止於至善」也；凡言「智」、言「知」，皆「知止」也。至「安仁」、「好仁」之分，即「誠」、「正」之淺深；「四勿」、「九思」、「躬行」之類，皆「格物」、「修身」之實也。大學之道，論語至矣盡矣！但其言各散著，有先天河圖氣象，學者難以貫通，故曾子統之而作大學焉。其曰「明德」，見「博文」、「約禮」之非泛涉，而「志據」、「依游」之爲「誠身」、「明善」也。其曰「新民」，見「時習」爲「爲政」之本，而「修己」爲「安人」、「安百姓」之實也。曰「止於至善」、「知止」，見仁者之靜而無靜，知者之動而無動也。至「定」、「靜」、「安」、「慮」，即「三十而立」以至「從心所欲」之境。「先後」八條，則「知及」以至「動之以禮」之條目也。道至「天下平」而至矣。尤慮小學者學「新民」於政刑禮樂之文，而不知修己爲治人之實；異學者學「明德」於清靜空虛之途，而不知存心爲善行之功也，故又以「修身」爲本焉。「修身」者，「四勿」、「九思」、「躬行」之功，即孟子之所謂「踐形」者也。內本於格致誠正，而外達於視聽言動，不入空虛，不騖荒遠。吾儒之承統於二帝、三王，而非異端術類之所可竊者也。故十傳之中，無一非「修身」之功，自明自新其易見者也。至「止善」之五人五止、「本末」之知本、「誠意」之潤身、「正心」之視聽、「修身」之好惡、「齊治」之孝弟慈、上老老三項，無非此意。此大學一部之綱領、四書之指歸，學者所當盡心焉。「其經一章，蓋孔子之意，而曾子述之。其傳十章，則曾子之言而門人記之也」，曰「孔子之言」、「曾子之意」，不知果朱子之失而或者錄梓之誤也？不可不察。

聖經章

大學一書，爲世無眞學者發。章內四「在」字甚斬絕，見此外非小則異，更無大學了。「明德」說心亦得，說性、命亦得，但心與性、命是渾皮話，人難捉摹，不如下文「知」字最了當明白。這「知」不是知識之知，是知識的根子。如夜光之珠然，未與物接，本自光明；物一來前，便自照的分曉。晝間本自光明，夜間也是如此，故曰「明德」。「明德」似屬「知」，而「仁」在其中；論語「時習」似屬「仁」，而「知」在其中，是離不得的。

「明」的工夫，即下「格物」；「明」的功效，即下「物格」。「明明德」一句，已盡大學之道。只爲俗學者不知這分量甚大，只當做一己的功業，故說出「新民」來，則參贊位育俱在其中，見「明德」有如此本領，非同小可。「止至善」句，如易於「元亨利」之下，又有「貞」字一樣，「元」如「明德」，「亨」、「利」如「新民」，「止至善」如「貞」。「亨」、「利」、「新民」是放開說分量，「貞」、「止至善」是收來還本體，見說出「新民」，恐人向事功上做工，故說「止於至善」，只是把這「明德」止於至善，「新民」自在其中。「止」與「至善」非二物，「止」是「至善」的主宰，「至善」是「止」的本領。「止」者何？「知止」也。「知」如水，是動盪的。水若動蕩，便自照物不眞；「知」若呼來喚去，便「知」不眞，便不得到至處。須是這「知」要止了，方始有「定」。到得「定」時，只是「存養」便了。「存養」與「省察」不是二物，只「省察」到自然去處便是「存養」。自此「定」久則「靜」，「靜」極則「安」，「定」、「靜」、「安」是「止」之至善處。「安」自能「慮」，是「知」之至善處。到此地位，纔完得「明德」分量，故曰「得」。到了「得」時依然是「知止」，不是休腳地位。蓋「知止」是「時習」的眞面目，是無息不已的眞精神，是靜而無靜的眞本事。常知則常止，一不知便非止了。「物有本末」二句是承上，「知所」二句是起下，非結語。「物」、「事」大概說，還是「古之欲明明德」節立心甚遠而操功最近。八條是尋源的學問，句句有「學」字在內，未說到「治」上。至「修身」則尋見門戶，至「正心」

則尋到家裏，「先誠」、「先致」是尋家主，「格物」方是做工。「格」兼家國天下的物事、身心意的道理在內，「格」兼齊治平的手眼、誠正修的工夫在內，是知行交盡的工夫，非徒察物辨理之謂。如視、聽、言、動是「物」，「勿」字便是「格」；「九思」的九者是「物」，「思明」等項是「格」；「將上堂」、「將入戶」是「物」，「聲必揚」、「視必下」是「格」。「格物」、「物格」是安勉的界限，非「物格」便是了期。「格物」如搭燈照路，照一步走一步；「物格」如明鏡當懸，物來即便順應。「格物」如舟行石灘之樣，曲折無不順適；「物格」如日麗中天，萬國九州無不普照。「格物」是一心去做，「物格」則一以貫之矣。「格物」是徹始徹終的工夫，「物格」是徹上徹下的功能。「物格」是「知止」的地位，知不止終是不至，故曰「物格而後知至」。以下誠正修齊治平是定靜安慮的能事、大學的本領，再無層次工夫。如註說，則一節工夫終身做不完，如何到得八條？「自天子」節，恐人向八條層層做工，誤了終身，故總貫之以點醒耳。「格物」是格一身物事，便是「修身」；「物格」則一身物事「止於至善」，便是「身修」，是無待的學問、無待的功能，非謂天下國家後日從此推去。要之，修身只在視、聽、言、動之合禮處，格、致、誠、正總爲這些，即行之家國天下，也只四者便了。自「天子以至」四字，因前節俱是說庶人之學，恐人不知分量之大，故說出王公大人俱是這個學問，更無治道治法。「其本」節「所厚」亦指本，「所薄」亦指末，是足上「本亂末治」以結全章之意。註分「所厚」謂「家」，「所薄」謂「國與天下」，不必泥。

四「在」字解。「在明明德」，是對俗學說，只爲俗學涉於記誦詞章，不在身心上做工，故曰「在此」。「在新民」對異學說，只爲異學獨守一心，不在事理上打點，治不得天下國家，故曰「在此」。「在止於至善」，是對淺學說，只爲淺學者偶有一得，便自矜張起來，便止住工夫，故又曰「在此」。「在格物」兼對俗學異學說，見俗學把這「致知」當做學問思辨之功；異學只要明心見性，不知這是知行合一的功用，是實實在身心事理上做工，故曰「在此」。

「格物」辨解。朱子將「格物」看做學問思辨工夫，故解做「窮至事物之理」，是將知行分做兩截了；陽明致良知是將「物」字看做物欲，格得物欲淨盡，自然靜極生明，此是無爲之學，落入空寂去了。不知知行如陰陽，是須臾不相離的。「知」如眼，「行」如足，眼一闔則足無所措。足不行，總眼裏看見前途，終是放著。如朱子說，是問盡天下路，然後去走，恐擔閣了時日；如陽明說，則學問思辨篤行一切俱廢，勢必去那人倫日用，弊不至無父無君不止。不知大學之道，只在實事上做工，只是事事時時「心在」便了。這「心在」的學問，徹「格物」、「物格」的終始，是至中至庸的，卻是至遠至難的，故曰「中庸不可能也」。

明德傳

此釋「明德」之學之大也。儒者之學是「明德」，帝王之學亦只是「明德」，此學之所以大也。大學之統，孔子憲章的是文武，故逆溯而上，先自文王。傳湯文，則三王俱在其中。孔子祖述的是堯舜，故上自帝典。傳堯，則二帝俱在其中。「皆自明」，即是「皆以修身爲本」之意。

新民傳

此見大學止有「明德」之功，更無「新民」之功。湯、文、武，皆有「新民」之責者也，而其功亦止「明德」便了。爲學君子所以「無所不用其極」，「明德」到極處便是「新民」到極處，「無所不」非有兩層，此亦修身爲本之意，傳王而帝在其中，總見學之分量如此。

推解「日新」三句。只爲銘盤之詞，故曰「日」，其實是時時刻刻常新的。「日新」三句貫到底，「作」字、「新」、「命」字，皆是「日新」工夫。「無所不用其極」，亦是「日新」工夫。

止至善傳

首節：此節言「止」之分量。「邦畿」喻「至善」，只說一塊官地，見「至善」是公共之物。「千里」只說一塊大地，見「止」是甚大的地方。「惟民所止」，見無分貴賤、智愚、衆寡、老幼，一「民」字兼天地人物在內。這「至善」是裝天地人物的袋子，一人止於其中，不見得寬；天地人物皆止其中，也不見得窄，故曰「千里」。

二節：此節是要「知止」，見「止」是最精細的。若一毫「止」得偏了，便不是「止」，便不是「至善」。如佛老何曾不言「止」，那卻是「止」的賊徒，故須要知得「至善」所在。這「知」固是貫始末的，此處還重在擇善。

三節：前節說「知止」，此節說「知止」的物事。「敬」是「止」的主宰，「止」是「敬」的本領。不敬何以能「止」？不止成得甚「敬」？「人」是「止」的質幹，「君臣」五項是「止」的傳舍，「仁敬」五項是「止」的變化。識得此「止」，則一部易經盡於此矣！萬物蕃變盡於此矣！「君臣」等項屬「物」，「止於」等項屬「格」，在初學處之便是「格物」，在文王處之便是「物格」。這「止」是一定不移的，卻是活動變化的。說出「人」字，說出「君」、「臣」等字，是指出個中庸來，是指出實事來，見不是致虛守寂的物事。那佛老何嘗不「止」，但廢卻人倫大道，不惟不爲「至善」，想來成得甚人？

四節：「學」是取其善，「自修」是去其不善，皆「格物」的工夫。「恂慄」是知止定靜安之體，是意誠心正之象；「威儀」是修身之驗、是能慮之徵，皆「物格」的功能。「盛德至善」是「明德」之「止於至善」，「民不能忘」則「新民」亦「止於至善」矣，無兩層。「盛德」是說功能，「明德」是說本體，「明德」既明則爲「盛德」。

末節：因「民不能忘」未詳，故又引詩言以足上意耳！以此節爲「新民」之「止於至善」則鑿矣。賢親樂利，大學中無此事功，實有此本領。以上各節，俱釋「止至善」，不重釋詩。

本末傳

此傳純說的是「本」。「使」字、「不得」字、「大畏」字皆是本能如此，未嘗說到「末」上，故曰「此謂知本」。只將「本」說得鄭重，而「末」自在中。註說不必泥。

「此謂知本」二句，料是釋「格物」、「物格」之辭，而上有闕文耳。「物格」便是「知本」。知識之知是「末」，不識不知而無所不知是「本」。到得「物格」，便能不識不知而無所不知也，故曰「此謂知本，此謂知之至也」。

誠意傳

此傳不曰「正心在誠意」，而獨曰「誠意」，見「心」、「意」只是一物，「誠」、「正」只是一功，非如心身家國有內外彼此之分，故後傳「正心」更不言「正心」之功，而止言心不正之過，見「誠」之外更無「正」功。只恐「誠」的偏了，便是不正乃爾。要之，只一「致知」便了。「毋自欺」是「誠意」的工夫，實是「致知」的工夫；「自謙」是「意誠」的功能，實是「知至」的功能；「愼獨」兼「誠意」，「意誠」實兼「致知」、「知至」。「小人」是不誠意之人，實是不致知之人。「其嚴」是「愼獨」。「誠意」、「意誠」之圖，實是「致知」、「知至」之圖。後「正」、「修」、「齊」、「治」都在此傳內，特未點出。識得「誠意」一傳，則大學之「三綱領」、「八條目」，無不盡於此矣。

首節：「所謂」二字，見只因有「意」的一物，故別個「誠」的名目，其實只一「致知」便了。「自欺」，只一時失於覺察，偶然哄了自己，非明知故犯之謂。蓋「意」是心之知識，不收管他，他便飄飄蕩蕩無所不至，連自己也不知了，故曰「自欺」。「毋」字只是常收管他，常覺察他，出入要我知道，要由得我，毋令他妄動便了。那佛老家也是恁說，但彼謝卻世事，無思無爲。吾道只事未來前不令妄動，遇著那事自然要思到好處，爲到好處；但只要我用他，不將我爲他用。即如我要行路，便將他用在步趨上；我要吃飯，便將他用在飲食上；我要靜坐，便將他用在穩坐上。我能用他，便是「誠」；忽然不知，我隨他轉，便是「自欺」。「好」、「惡」二句，所「惡」的，凡念起處皆是，無分理欲；所「好」，即無念之念便是，也無理見。故本文只說「好」、「惡」，不添「善」、「惡」字。曰「惡臭」是不惟眼裏不要看著、身上不要染著，即聞得些氣兒也是痛惡的。「惡」有彼此，這還說得「惡」的實際。「好」是存這本體，便是用這工夫，即「好之者」是也。「好」與「好色」分彼此，「好」與「所好的」不分彼此，這還說不得「好」的實際。兩「如」字只說得一個「誠」字，只爲不用安排耳。「毋自欺」是工夫，「如惡」二句是效驗。「好」是守內的物事，無分去來。「惡」是禦外的物事，少有去來。「自謙」即是「意誠」。「愼獨」與「毋自欺」無二意，「愼獨」只是一個「敬」字，「毋自欺」是一個「知」字。不「敬」何以能「知」？不「知」成得甚「敬」？但「毋自欺」是學時事，單屬「誠意」；「愼獨」是成德時事，兼「意誠」，則安勉不同耳！「必」不是期必，是斷其必然也。

次節：「小人閒居」是無所用心的氣象。「爲不善」非用意去爲，只是無「毋之」之功，此意任他放蕩，便是「爲不善」，故曰「無所不至」。究之小人的「閒居」卻是不閒，君子「愼獨」卻是閒；小人「無所不至」卻是一無所至，君子「愼獨」卻是「無所不至」。「無所不至」只是「自欺」而不自知，見了君子猛然驚醒起來，那片厭然揜著如見肺肝的心事，倒是一會兒誠意、一會兒眞知。只是先時無此，過後又不如此，故曰「何益」。「何益」二字最宜玩。大凡聖賢學問，都是不作無益害有益。如這事來前，我用上意，做得好自然有益；事未臨，我空費了許多心思，究竟何益？況心思是有限的精神，無故將他用的罷乏，事適臨之，卻昏昏沉沉做不來，豈不無益，又損了。君子「誠意」、「愼獨」只是養得氣力，到臨事時使用，不是空空求止，如佛老之明心見性已也。那「如見肺肝」處就是「誠中形外」處，故曰「誠於中，形於外」。「誠」、「形」只宜渾說，不必添善惡。兩節「愼獨」是兩樣緣故，前節是善的，苟不「毋自欺」，便不能「自謙」，故如此；後節是惡的，因「獨」中不愼，則形外之事必不能善，故如此。這是務本的學問，是拔去惡根養得善根。

三節是繪出「愼獨」之圖。「十目」二句就是「其嚴」處，不因指視而後嚴也！

四節：如詩之興而比，以爲誠中形外之證也。「富潤」二句是興體，「心廣」句是比體，故「君子」句方說出正意。或問：「惡」如何不分理欲，「好」如何也無理見？曰：這是意中如此，未說到事上。若是有理見，這「知」何時能止？這「意」怎能勾「誠」。又問：如此說則思辨可俱廢麼？曰：思辨也是事，這是未遇事時與事過後時如此。

修正傳

「正心」、「修身」，經言「先」，而傳皆言「在」者，正以經之所謂「先」者，即其所謂「在」者也，非有先後兩截之分。此傳「心」爲天君，所以主宰乎內外者也，也要寂然不動，也要感而遂通。「意」是「心」內的物事，「身」是「心」外的物事。若單照著外面忘卻裏面，固是不正；若單照著裏面忘卻外面，也是不正。首節逐物意移，未得寂然不動之本體，固是不正；次節守的過執，死了感而遂通之靈明，亦是不正。此中工夫只一「知至」便了。「知」如日月，要最高明，要最運轉。惟其高明，所以萬國普照；惟其運轉，所以日新不已。又如明珠，要八面透徹，上下內外四旁，無不普照。那明鏡止水，還是說「知止」，說不得「知至」。惟日月明珠，纔盡得「知止」、「知至」的分量。故武之鑒銘有曰「鑒爾前，慮爾後」，只爲鑒能鑒前不能鑒後故也。佛老之所以異，亦只單照裏面，丟卻外面視聽言動也。

首節：「身有所」本是「身」字，不是「心」字。身者何？耳目口鼻四肢是也。「忿懥」四者，雖是心之所發，其實是那耳目等物招來的是非。這「正心」不是「誠意」之外更有工夫，只是「誠意」時內裏要收管著念頭，外面也要提防著感逐，是要一時俱到的。若專在裏面做工，不防閑外面那耳目等物，偶然一物交來，便自牽引去了，故曰「有所」。這「不得其正」，不止說得心之偏，原是意念知得偏了，這卻不是「誠意」之功，不特心不得正也。

次節：「心不在」，不是放蕩的心，只是死守得一「誠」，有個定在，所以外物感來也不通了，遂有視聽不見等項之弊。這不惟說不得「心正」，還不是「意誠」。首節一感遂動，次節感而不通，雖淺深不同，皆是忘卻那身之弊，故曰「此謂修身在正其心」。

推解：心如當家漢，身如一所宅子。心之外馳，如當家裏外面胡游，不管家事一般，固不是好的；心專注於內，不照管著周身，如在房室靜坐，一切家務俱置不理，這是無爲之人一般，敗壞家事，越發是不好的人。此傳不是說敗浪之人外面胡游的不是，正說無爲之人家裏靜坐的不是。看來此傳修身最重，是教人內外都要照管，不要做那無爲子孫。俗學皆知重「正心」，不知「正心」是照管身的工夫，所以失卻眞傳。

或問：此傳只言心「不正」、「不在」，那「正」、「在」卻是如何？曰：不是要定在腔子裏，須要腔子內外都要照著，即「清明在躬」是也。要知存心之欲至正，正欲行事至於至善也。若不管躬行之善惡，存這心有何用處？

修齊傳

此見無「齊家」工夫，只有「修身」工夫。「之其所」五項只是物不曾格，「不知美惡」

句只是「知」不曾至，是說「修身」工夫也只在格物致知之內。身若不修，不惟說不得心正意誠，也說不得物格知至。看來誠正修齊都是一套事，無先後層次，故曰：大學之功盡於格物物格已矣。

齊治傳

此傳獨言「必先」，以家國本有遠近，齊治本有先後，然究其功則一也。君子是為學的君子，學之功止於一家，故曰「不出家」；學之能已完得國與天下，故曰「成教於國」。「孝」、「弟」、「慈」皆在心上說，即下文「心誠」是也。三「所以」言這心就是那心，引康誥承三者來，見三者俱是誠心，單頂「慈」的不是心誠。言心而意在其中，言誠而正在其中，見不惟齊治無異理，並那正修齊治，皆無異功。「一家」，「一」字說得甚小甚寡；「一國」，「一」字說得甚大甚衆。「仁」、「讓」非必一家皆誠、正、修之人，只一家皆孝、弟、慈之人。貪戾不言家：以仁讓是善是性，可以齊得一家；貪戾是惡是習，人性本善，未必齊得一家。興仁興讓，是一國之人皆然；作亂，不盡一國之人，只為亂者數人將一國擾亂了。且以仁讓是治機，是熙皡氣象，人所難知；貪戾是亂機，是人所共見共聞的，故又言此以示人。不知治機所在，當以亂機觀之，這治機就如那亂機一般，也是上感下應的。「機」字雖訓「速」，實說是氣機相通的。「一人定國」雖是成語，實又挽到修身上，一人即一身。見與機雖由一家，而仁讓之原實自身始。「堯舜帥天下」，見一人不獨定國，而亦可以定天下。仁不止孝弟慈，是心正意誠的物事。「桀紂帥天下」，見一人不獨亂國，而亦可以亂天下。「其所令反其所好」，見「令」爲君王之所獨，「好」爲學者之所同，惟從「好」而不從「令」，則爲學即爲治矣，故「君子不出家而成教於國」。「恕」是爲學君子教家之心，而即有國君子治國之心，故曰「治國在齊其家」。三引詩，見古之治國者皆離不得齊家，此非傳者之創言也。

治平傳

此傳只一「絜矩」便了。這「矩」自誠、正、修時已做成，常在身邊佩著，至出與家國天下遇，不用我去絜他，只要他合著我這尺寸，合著的便施於人，合不著的便自毋施，這是不出家而成的。此傳皆言治國，未說到天下上，而天下自在其中。天下是合衆國而言，一國是合衆家而言，我有這矩爲一家所絜，即爲國與天下所絜，故「上老」三句與孝弟慈無異。「所惡」只是不施於人，不禁人施於我。「上下」、「前後」、「左右」雖是說方的器皿，其實指一家而言。爲學工夫只是絜一家之矩，便括盡國與天下矣。只言所惡，不言所好，見矩之不絜，只因貪要投人之好，一心去做好事，忘了我的不好處。也不知大學之功，只是去過，不求見功。若除得所惡的不施，自然所施者皆所好也，何愁矩之不絜乎？

三節：「君子」是有國者，「父母」是有家者，惟有國者止絜得有家者之矩，故學止學其一家之矩而已。

四節是不能絜矩，不惟齊不得一家，便治不得國與天下。

五節引殷、周，見三代之治國只一絜矩便了。

六節：「愼德」是爲矩的工夫，「有德」數項是絜矩的本領，此「君子」與「絜矩君子」皆指學者。「有人」等項說不得功效，只是學中本領耳。

「財言」二節，見理財出令只一絜矩便了。

「惟命」節，見絜矩即是絜命。

「楚書」三節，見霸者雖無絜矩之實，也不能無絜矩之術。秦誓只重「斷斷」二字。「斷斷」是斬絕欲根，做成規矩，所以「休休」、「有容」，無所不絜。「休休」從「斷斷」來，人心只因有他技，所以思來想去，終日不休；既能斬斷他技，此心自然休息。「休休」者，安而又安之意，即所謂「安仁」者也。仁是一無所有的，卻是無所不有的，故曰「如有容」。「如有」云者，是本無而如有也。惟其有，所以下面說出「能容」來。秦穆本非知道之人，其誓無心中合著絜矩之大道，傳者故詳引之。

「仁人」即絜矩之君子，能愛惡。見只要絜矩，不論愛惡。絜著矩，即惡亦仁；絜不著矩，即愛亦不仁。

「見賢」三節，是平日無絜矩之德。忠信是絜矩的材料，得失是得國失國的根本。

「生財」是一家之大道，即爲足國之宏猷。「仁者」是統德位之君子，好仁好義乃大學之正業。獻子，有家者也。其言即治國之良謨，故曰「此謂國不以利」云云。小人非不學之人，只是不在「明德」上用功，所以不能絜矩。十傳通見無齊治平之學，止有誠正修之學。誠正修之物格，則天下無不格之物矣。

卷二 中庸

中庸總論

中庸一書，所以發明大學之旨而歸宗於論語者也。論語者，「時習」之學。「時習」者，仁也；仁，人心也。故一部中存心爲本，而修身其外著者矣。曾子懼學者不知存心爲修身之功，而誤入於寂靜無爲之業，故作大學而以修身爲本焉。見身居心意知家國天下之關，而通統乎內外，不墮於一偏者也。但其言未分內外輕重之等，子思又懼學者不知誠正之爲本，而皆事乎視聽言動事爲之末，故從而作中庸焉。中庸者，「率」、「修」爲之主，而「戒懼」、「愼獨」又「率」、「修」之實功也。故一部中「時中」、「用中」、「拳拳服膺」、「和不流」，「中不倚」，無一無戒懼愼獨之意，而知仁勇義禮之五德、君臣父子之五道，莫不本於一誠。蓋以誠爲戒懼愼獨之體，實以戒懼愼獨爲「時習」之功，而須臾不離至誠無息之道也。故首章以戒懼愼獨始，而末復以戒懼愼獨終焉。故次章即溯源於仲尼，而三十章又歸統於仲尼焉。其自第二章以至十二章，皆言戒懼愼獨之不可須臾離，而中庸之實功備矣；自十三章以至二十章，見戒懼愼獨之著於達德達道，而爲鬼神帝王之不可外，中庸之事實全矣；自第二十一章以至三十章，見戒懼愼獨有安勉之分，而誠者誠之者之無異中庸也；三十一、三十二章，明仲尼之行事爲至聖，而存心爲至誠；三十三章，見學者之宜勉於戒愼，而即子思子率修之實功也。通部盡於「中庸」二字，言天地，言鬼神，言帝王，無非中庸之彌綸；言「配天」，言「如天」，言「其天」，皆屬中庸之本領。若一些兒看得高奇，便不是中庸，而爲隱怪矣。總之，論語、學、庸三書皆是言學，不是論治；孟子一部，然後治學備矣。然要亦三書之所備者也。

或問：論語、學、庸三書有優劣否？曰：其理一，其功同也。但學、庸有立意，而論語爲從心不踰矩也。試看大學一部重修身；中庸一部重戒懼愼獨；論語雖無非言仁，而其中卻無仁之見也；孟子一部亦以仁義爲主，皆不若論語之渾而全也。此聖人大賢之別也。

天命章

此章與大學「聖經」相表裏。「率性」，「明德」之學也；「修道」，「新民」之學也。「戒懼」、「愼獨」，「明德」之止於至善也；「天地位」、「萬物育」，「新民」之「止於至善」也。「率性」、「修道」，盡乎「格物」之功；「戒懼」、「愼獨」，又特表誠正之重也。喜怒哀樂發皆中節，修身之實也；「大本」、「達道」，「齊」、「治」、「平」皆貫其中矣。人知重「修道」，而不知重「率性」，不知「修道」正欲一身與天下皆率其性也。道不可須臾離，正性不可須臾離也。「大本」者，萬性同根；「達道」者，天下同性也。天地萬物皆屬受命之物，非天地爲命而萬物爲性也。「率」者，「修」之主乎內；而「修」者，「率」之見於外也。「率」非任安，而「修」非純勉也。聖經以「修身」爲本，此章以喜怒哀樂發皆中節爲本，以「明德」者「修身」之功，而「率性」、「修道」者必先率修其喜怒哀樂者也，不可不察。

首節：「天命」者，人之良知良能也。有目輒能視，有耳輒能聽，有手足輒能動，有口鼻輒能辨臭味。孩提知愛，稍長知敬，皆不學而能，不教而知，非天命而何哉？「率性」是順其性之本然，非任其性之自然。如目視之明、耳聽之聰、手足之任勞，言由忠出，色貌本自溫恭，愛親敬長，皆性也。視必順其明而無失，聽必順其聰而無違，手足必順其勞而無逸，志言必順其忠而無僞，色貌必順其溫恭而不暴戾，親長必順其愛敬而不忤慢，皆率性也。率之中戒懼慎獨、三百三千皆所事也，非任性而動，如牛羊犬馬之不知所在、不知所之也。「修道」者，去其茅塞，平其險阻，除其非性之嗜慾，而復其性之本然者也。對「教」說，則有禮樂文章，爲天下後世之準繩也。總之，「率性」純屬修己，「修道」兼治己治人說。「率」爲循其本有，而「修」爲去其本無，非於性有補救而加損也。三個「之謂」見如此則「謂」，而不如此則不可「謂」也。如佛老之閉目冥心而靜坐，是不率其五官四肢之性也；舍父母兄弟而山居，是不率其愛親敬長之性也。以此謂性則非命，以此謂道則非性，以此謂教則非道也。烏乎可！

次二節：首節率性修道已括盡內外功力，只恐俗學不知根本，一味向視聽言動作事時用力，終是不能盡道復性，故又說出「須臾不可離」來。「須」謂有待如呼吸之少停，「臾」謂有間如毫髮之少隔。戒懼愼獨是不可離的根本。聖賢學問原與天下國家相關，是有用的。這用不於用處求，須於體處求之。不一何以能貫？不靜何以善動？譬之農家，戒懼是深耕之功，此時無苗無種，何苦費力？只爲不耕則稂莠之根不除，嘉禾終是不生。愼獨如溉種，不溉則苗終不旺；作事如芸苗，不芸則稂莠又生。三者雖皆不可離，然深耕溉種畢竟是根本。故戒懼愼獨，中庸特表之，以示務本之學之重也。大學言誠正，而此徒言戒懼愼獨。誠正就爲學時說，此就成德時說。見到得成德時，猶然如此須臾不離。「莫見」二句，即大學「誠中形外」之意，愼獨只不令念起便了，非存好念而去妄念也。戒懼，仁也；愼獨，知也。是一心，非二念也。

四節：喜怒哀樂，見「中」非空空無物，其中已具喜怒哀樂之性，特未發耳。發而皆中節之「和」，不是強制那本情使不發，只要「中節」便了。兩個「謂之」（註一），亦爲異學強制者指眞見，不如此則不得謂也。「大本」指盡天下之物理，「達道」括盡天下之人倫。

末節只是推極「中和」之量，見不特天下之理、天下之人不可外，即天地萬物之理、天地萬物之物亦不可外。此是論率修之本領，非論率修之功效。大抵論語、學、庸皆是論學，不是論治；皆是論道，不是論事。

字解：「中」是大無外，小無內，是天地人物的包子，即太極也。「和」是一理貫入萬理，一物貫入萬物，如一把鹽、一碗醋，調入一鍋飯內，吃來口口都是一味，更無濃淡之分，即太極之散於萬物也。這「中和」是人性中本有的，只是世上生知安行的人少，不經戒懼愼獨不得。「位」者，清寧各奠，四時寒暑生成各得其序；「育」者，生長收藏，孳尾希革毛毨氄毛皆適其時，是天地萬物之自率其性也。即有聖人在上調燮補救，也只是不違不害其性便了，非有加損於其間也。看來世上人只爲多些知識，所以有性不能率；天地萬物是不識不知而順則者，故能各率其性也。君子率修之功，正是去這知識而至於不識不知而順帝則也。不識不知而順帝則者何？知止是也。有這知識，則知一無所至；這知既止，則無所不至。故曰「物格而後知至」也。那不識不知纔是眞知，纔是常知，只是其中有主，不是泛泛的物事。那有主處，即戒懼愼獨是也。然則聖人之心，敬樂中直都是有的。

仲尼曰章

子思作中庸，明仲尼之道也。故於此緊接仲尼，而第三十三章又歸統於仲尼焉。首章「天地位，萬物育」似乎君子是至高奇的，故此章緊接出「中庸」來，見所謂君子以其「中庸」、所謂小人以其「反中庸」也。合著「中庸」的，即匹夫匹婦也是君子；合不著「中庸」的，即富貴博學也是小人。「中庸」兼體用存發說。渾然中含者中也，萬事適當者亦中。渾然中含爲己所自成者「庸」也，萬事適當爲天下共由者亦「庸」。然總是率性的，合著性的是「中庸」，合不著性的便不是「中庸」。修道正修其「反中庸」者而歸於「中庸」也。

次節：「中庸」只是一個，自有君子小人，所以分成兩家。這小人不是等閒，卻是世人眼裏看得強似君子的，故把他的「反中庸」，他也叫做「中庸」，世人也信爲「中庸」。子思莫奈何，也只得順住他說個「君子之中庸」、「小人之中庸」。「中庸」是至平易的，卻是至難捉弄的，此心一些兒放鬆，他即便亡去，即便不「中庸」了。不特初學之人捉弄他甚難，即那成德之人到得坦蕩地位，也要時時習著他，常自敬畏而不敢放，故曰「君子而時中」。這「時」是徹內徹外、無靜無動、無晝無夜的，時常恐其不中，故無時而不中也。那小人的「中庸」，是他心上頁（註二）想出一個見識，他便自矜自喜，說是古今莫人知的道理，他獨自得來。他本反了「中庸」，他卻大膽的說話，放心的行事，只說他的是「中庸」，全無一些兒戒慎，故曰「小人而無忌憚也」。這小人何處見他，只他不是率性便了，即前云閉目冥心而不率五官四肢之性，舍家山居而不率愛親敬長之性是也。

中庸其至章

「至」者，到也。「過」的也莫到，「不及」的也莫到，「中庸」纔是到這地位，故曰「其至矣」。「民」字包得廣，世上認得「中庸」的便是君子，認不得「中庸」的便都是民。這民雖「鮮能」，雖不及那小人的才情學問，倒還是「中庸」家裏人，還不曾失那本性。那小人與之游，雖可與爲惡；若與君子游，也還可與爲善，只有望於主持世道者耳！故曰：「齊一變，至於魯；魯一變，至於道。」

道之不行章

此明「鮮能」之故也。賢知、愚不肖承「民」字來，見不能「中庸」的皆是「民」。賢知是一人，愚不肖是一人。知愚是指其知識而言，賢不肖是本其才德而言。惟其知識之未至，所以才德之不足，故先言知愚而後及賢不肖也。「不行」、「不明」之分屬，各推本而言之，互文也，重賢知邊，亦春秋之責備也。「人莫不飲食」，見「不可須臾離」。「鮮能知味」，行習而不著察也。

道其不行章

以世無其人，故不行耳。

舜其大知章

此舉舜以壓賢知之人，「大知」要擡得高，「問」、「察」、「用中」要壓得低。曰「邇言」，曰「民」，見愚不肖亦可及；曰「兩端」，見賢知者不能過。惡不必淫亂之事、邪僻之言，凡不合於中庸者皆是，重異端一邊；善不必高美之理、精微之論，凡合於中庸者皆是，即耕稼陶漁皆有至理。「兩端」即兩儀，大小、厚薄、精粗、淺深，體用、存發無所不備。「執」即太極。太極本無兩儀，而兩儀自在其中；「執」本無兩端，而兩端自在其中，非果有兩端之見而執之也。「用其中於民」，見舜無用之非中，而究無加損於民也。惟其執之皆備，故其用之不勞。「其斯以爲舜」，見舜不惟不有其知，而且常恐其知之未及也。

人皆曰予知章

「予知」之心，即無忌憚之心，最是中庸所忌。試看大舜好問好察、隱揚執中，是何等兢業？何等小心？賢知者自謂「予知」，便自膽大起來，所以「納諸罟獲陷阱」而不自知，「擇乎中庸」而「不能期月守」也。罟獲陷阱，不必說向禍患。世間惟中庸是平坦的路，是安樂的窩，除卻中庸皆是網羅坑坎。擇中庸而不能守，只是此心不虛，擇的不是本等。擇時原與自心不相合，故過此便自亡去。總見賢知之名，只因他自己錯認誣膺，世人也把他叫做「賢知」，夫子也只得順著人說他是賢知。從他這些本事看來，原來他不是賢知的人。

回之爲人章

「爲人」二字便是「中庸」本旨，便是自己身心上做工。「得一善」必就渾一說爲是。朱子將「據德」、「得一善」，俱解做一事一理之得，是從學問思辨中看出學問思辨，是見解之得。雖也是好的，終是與道爲二，我心依然不自得，算不得個德。這「得一善」之德，本是全德，但或得其所志，或得其所據，或得其知之者之知，或得其好之者之好，是得其一境之善，非得其一理之善也！天下萬理都是一個，不得則俱不得，得則俱得。豈是今日得此，明日又得彼耶？若得是一事一理恁等，則猶然未得也。況顏子不違仁，仁豈屬一事一理者乎？此章「一善」即仁，「拳拳服膺」即守。回之爲人，只一仁，守便了，何必葛藤？

天下國家章

此章只爲賢知者壓好高喜難之心耳。世上賢知之人，他心上只要強似人，只要做人所難能之事，故夫子說出「均天下」三項，見這些難能之事還是容易的，惟這中庸是你視他爲至易，卻是至難的。你要爲難事，須向此中去求，這纔是不可能也。蓋中庸是最難捉弄的，是聖人的實話，能得中庸則無所不能。

子路問強章

強之內剛毅俱在，南方北方只說個「有所」便了。君子、強者受病在二「居」字，與「居之不疑」同。中庸之道原是備大美而不居，時時是戒愼的。一有「居」的意思，便是無忌憚處，所以不得爲強，不得爲中庸。「和不流」即發皆中節氣象，是這個物事貫入三百三千、七情百行中，無不調和均勻，無偏輕偏重之失，此是義以方外光景，是一物各一太極也。「中立不倚」，即喜怒哀樂未發前氣象。這「中」從「口」，是大無外之意，從「丨」是小無內之意；從「口」是不出其位之意，從「丨」是直而塞天地之意。「中」就是立而不倚，非立在中間而不倚也，此是「敬以直內」光景，是萬物同一太極也。「和」以與人、「中」以持己之說，止說得「中和」一足耳。「國有道」句是大行不加，「國無道」句是窮居不損，「矯」字是不屈不撓無間無斁之意。「強哉矯」從四「不」字勘出，是決然斷然自然之意，此時習之功、無息之誠也。

素隱行怪章

首節病在「素隱」。惟其素之隱，故其行之怪。曰「吾弗爲」，見本非高奇之理。

二節病在「遵」字，只是未得裏面意味而徒循其外耳。惟知之不眞，故不知好愛而半途廢矣。曰「吾弗能已」，見非可已者。

三節是「須臾不離」之意。是外人推究他如此，他只是戒懼愼獨便了，何曾知甚「依」來。「遁世」是明明與世共游，而俗眼莫之識也。即如孔孟，世人誰不稱贊，而實皆莫之知也。「不悔」是全無這意念，如稍有意便非依中庸了。曰「惟聖者能」，見非尋常易易也。

君子之道章

君子依「中庸」，故以中庸之道歸君子。「費」，見非君子一身之道，而天地萬物之理也。通章總言「費」，曰「而隱」，見「隱」自在「費」中，不必素，不可素也。夫婦之知能，非知能君子之道；而知能夫婦之道，以夫婦之道即君子之道也。聖人之不知能，非聖人知能之不至；以隱怪爲聖人所不爲，故有所不知能也。天地之猶憾，非天地不能盡道，道原有所憾也。「語大」、「語小」，總是言「費」，而即中之本體也。「上下察」，言無物不有，無處不然，「費」也。造端夫婦，以隱怪者舍夫婦而他求，故及此也。究之，夫婦只一「人」字，故下文言「道不遠人」也。「察乎天地」，言滿天地間人物皆然，非止天地也。大學終於「齊家」，中庸「造端夫婦」，皆是一意。

道不遠人章

「率性」則不遠人，「逆性」則遠人矣。「以人治人」，令視聽言動之各率其性也。忠恕即道，曰「違道不遠」，以有心勉強爲然。若至於自然，則即道矣。子臣弟友指出個「人」來，「君父」等項指出「人之道」。「以責人之心責己」，勿泥。「庸德」等句宜一直說下，曰若能如此則君子矣，不必指出「夫子」、「君子」說。若指出，則著迹矣。

君子素其章

首節：「而」字最自然，「不」字甚斬絕。雖就養成說，不用著力，然此中戒懼慎獨卻是無休歇的物事。「素位」即上第一臺階，「不願外」即不想著第二臺階。下句是足上句，非心事之分。

二節只約略舉數大端，凡日用動靜作止語默無在無素。

三節亦約指數大端，凡過去未來皆是「外」。兩節相承，其實只一「素位而行」便了。「正己」，「正」字中有戒懼慎獨在內。

四節：「俟」字最自然。「居」字中有戒懼慎獨，是須臾不離的。小人反是。

五節：「反求身」是一章主腦，素位而行是清明在躬的。不反求，何以能清明？反求只分安勉，是到底不離的。或問：射者內正外直，是極戒愼的，如何有失？曰：只是工夫未純熟耳。到得純熟，則百發百中矣。君子正是到純熟地位者。

君子之道章

上章言人，言夫婦，言己，言身，俱是卑邇之意，至此透出。

鬼神之爲章

此爲隱怪者發藥。見世之隱怪者，多好言「鬼神」以欺世誣民，不知「鬼神」即在中庸之中，而不在中庸之外。只將中庸道理行得去，自「質諸鬼神而無疑」。故首節不言「道」而言「德」。德者，得也。「鬼神」亦得乎人所同得之理。末節言「誠」。「誠」即中庸之實理，但稱贊鬼神，不幾爲素隱之一助乎？亦見「鬼神」亦不遠人也。止此一物，鬼神得之而爲鬼神，人得之而爲人，總一實理之流行昭著。人非顯，而鬼神非隱；人非常，而鬼神非怪。

二節說盡道理。

末節：「誠」字括盡一切。

舜其大孝章

此因上章「誠」字說來。誠莫誠於孝，舜孝之大，總是一誠格親便了。章內要將孝說得大，不可將舜說得太大。若云舜是千古的大聖人，似爲人不可及。然所以成其爲舜者，只是盡了一個大孝。「德爲聖人」五句，只滿得父母的至願。父母莫不欲子賢，舜則德爲聖人；父母莫不欲子貴，舜則尊爲天子；父母莫不欲子富，舜則富有四海；父母莫不欲尊崇其先，舜則宗廟饗之；父母莫不欲長盛其後，舜則子孫保之。此所以爲大孝。下六「必」字，見以德獲福。人之得天與天之福人，皆是至中至庸、決然自然之理，不是異常。大德即是至誠，無甚異理。

無憂者其章

此章人皆知重「作」、「述」，不知重父子「作」、「述」之美，唯文武一家爲然。若只稱其奇遇之不可及，便生出後世父子許多怨望，則千古無慈父孝子矣，況兄弟乎？作中庸之本旨，想不如此，只宜說周家父子祖孫皆爲聖人，非有奇行異德，不過盡得父子道理，爲聖父聖子而已。說出太王、周公，又見得祖孫、父子、兄弟都是如此。即下禮達天下也不過用父子之中道而已。人能盡得父子道理，則無人不可爲文武。堯舜之無賢子，也不失其爲堯舜；舜、禹之無賢父，也不失其爲舜、禹。人惟自盡其道於父子之間，便是聖賢，豈必責備乃父乃子而後爲全人也哉？章內不言父「作」之實，而但言子「述」之實，此勉人盡孝意也。章內亦有「誠」字在內，若非誠則「作」、「述」皆虛文矣。

武王周公章

此亦前章之意也。上章制禮法於天下，便有「達孝」意在，故此章緊接「達孝」。中庸本旨，舉一舜而凡爲帝者之皆中庸可知，舉文武而凡爲王者之皆中庸可知，舉一周公而凡爲相之道皆中庸亦可知矣。三章總不離「誠」，要於其中參會方得。章內「事生」、「事存」是主。孝子原未嘗死其親，故無事不以生禮事之也。「夫孝者」三字是統論孝道，非專指武、周。「善繼」、「善述」，總是誠以事之，至敬至愛皆如生時便了。如王季、文王之人，則順其志事爲善；如瞽瞍、鯀之人，則幹蠱亦是善，不必專貼武、周事迹。春秋遇霜露而凄愴，亦凡人之情皆然，故曰「達孝」。宗廟之禮要就祖宗說，方與「事生」、「事存」有著落。「昭穆」原是生者之禮，宗廟序主亦是此意。「序爵」五項皆是朝禮，於廟中行之，亦「事生」、「事存」之意也。郊社是由父母而推及天地，宗廟是由父母而推及祖宗，此推而上之也。推而下之，以及臣民，則天下總一孝治已矣，故曰：「治國如示掌。」

哀公問政章

前章大舜便是生安的樣子，文、武、周公便是學利的樣子，故此章引哀公來爲困勉者立案，見中庸之道非聖賢可能而愚柔者不能也。

首節：哀公，庸君也。夫子開口便說文武，不是期他太高，只爲聖凡都是一道，離卻這個再無可以語者。

三節：修身不在事爲之末、才猷之著，要以合道爲歸，故曰「修身以道」。既曰道矣，又何以修爲？蓋道爲外見之用，仁屬內存之體；道不由中而出，則襲取之文，僞道也。修其僞而歸於眞，故曰「修道以仁」。此「仁」是心之全德，即下「誠」字。存誠於心則曰仁，心得其仁則曰誠，這仁之合宜處便是義，仁之條暢處便是禮，仁之精明處便是知，仁之純固處便是下節之仁，仁之強毅處便是勇，故註云「萬善之元以仁」（註三）。有誠正工夫在，到得仁時，則意誠心正矣。

四、五節：人指仁之全體而言，兼內外本末體用說。「親親」言仁之施，孝弟俱在內。孝弟爲仁之本，故曰「親親」爲大。義是仁之合宜處。「宜」兼大小常變而言。尊賢特「宜」之一事，但藉以成仁之德，故爲大耳。「殺」是仁中之義，「等」是義中之義。禮以義起，故曰「禮所生也」。可見仁義禮是一套事。此節仁義禮皆一身之行，身不修何以能別大小等殺，故下節緊接修身。「不可以不」四字，便有「知」字意在。「知人」之「知」，還是半渡溯流話頭，「知天」纔是窮原語，格致工夫皆在裏面。大學言誠正修，此章誠正工夫已在修身內，故此節止言修身致知而已。上節仁義禮之中亦有知在，但上節說的理之本然，未說到當人身上，故不說知。此節指出修身，是教人實體在身上去做其工夫，止是一「知」便了，故說出「知」來。「人也」節說的是仁之用。仁不見諸行事，則是空寂學問，便入異端去了。此節點出「知」字，恐用不由體，則是假仁假義，便入僞學去了。此皆引而不發，讀者以身體之，方得「知天」二字。眞知就是天，非有兩層。

六節：前言「親親」，則父子兄弟夫婦已具之矣；言「尊賢」，則君臣朋友已具之矣。但其條目不曾說出，故又曰「達道五」。前言仁義禮而知仁勇已具之矣，但未說出實確工夫，故又曰「達德三」。前言「知天」已是「一」的意思，但恐騖於高遠，故又說出「一」來。「一」謂知仁勇只是一個，即一貫之「一」。就其知覺省察處言之，曰「知」；就其存養靜安處言之，曰「仁」；就其貞恒不貳奮發有爲處言之，曰「勇」。其實一而已矣。「達德」不見之「達道」，則空寂無爲之業；「達道」不衷之「達德」，則浮襲無本之學。一節引入一節，惟「一」以貫之矣。

七節：此「知」字本「一」字來，「知」、「仁」、「勇」三者只是一「知」便了。「知」非知識之知。「行」又本「知」字來，常知則常行，非止行事之行，此亦引而不發。

八節：只爲「知」、「仁」、「勇」最難指點，故言三「近」以示人，從此體會耳。

九節：知，非知三「近」，是由三「近」而體會之，得知那「知」、「仁」、「勇」之所在。這是尋源的學問，尋著源頭自然順流而往，更無阻滯所在，故一知則無所不知。

十節：「修身」中「知」、「仁」、「勇」俱在。「修」、「尊」等九字，俱有「一」的意在。

十一節：「道立」中便有「豫」的意在，「道立」不獨爲民表，凡尊親等心俱立。

十二節：「九事」中俱有「一」的意在，惟「齊明」二字顯易可見，「齊明盛服」止完得一個「敬」字。

十三節：萬事惟一以貫之也。

十四節：「豫」是知止以後的光景。

十五節：常定靜安的便是誠，明善只一明德便了。此心常知常覺便是明，便是善，非有善在念而去明之也。此節雖有數層，其實只是一「豫」，非遞相蓄積也。

十六節：上「誠者」指理，「誠之者」指事。下「誠者」、「誠之者」方指人。

十七八節：此二節不必分學利困勉，下節只發明上節耳。言學何以必「博」，以必求其能也；問何以必「審」，以必求其知也。下三項皆如此云云。百倍之功，已在「博」、「審」等項之內，註不必泥。

末節：「愚」、「柔」是通章之主，困勉之功專爲「愚」、「柔」而發也。

自誠明章

此章重「明」字，「誠」無念而「明」有覺，「誠」無爲而「明」不息。曰「自誠明」，見「誠」非寂靜無爲之業；曰「自明誠」，見「明」非推測之知。「誠則明」、「明則誠」，二「則」字俱無緩急。「明」即知止有定之學。到得知止，便自有定；到得「明」便自「誠」。若云漸至於「誠」，則「明」爲恍惚之識，非「明」也。「誠」即仁，「明」即知，未有仁而不知，知而不仁者，故曰「誠則明矣」、「明則誠矣」。註說勿泥。

惟天下至章

此章特引起爲「其次」立標的耳，中庸意不重此。言惟此一人爲能，千古來有幾生安之人？若必如此而後能之，則中庸幾絕續矣。此不宜極贊爲不可及。見誠者得其易，誠之者爲其難耳；誠者居其獨，誠之者居其衆耳。

其次致曲章

「其次」非不如至誠之人，只其成功之次後耳！這是由成功之後推原本來，非說此等人當如是也。「致曲」即格物之功，物甚曲折，隨其所在而無乖，故曰「致曲」。「致曲」則心一，如那學走之字般的，此心少一不在則錯亂矣。惟其一則常在，惟常在則能有誠。「能」字直統下也。是爲能了形，是施於四體不言而喻，動容周旋之中禮也。「著」是形之漸及於人物，「明」則普天率土之共見聞也，「動」、「變」、「化」則亦盡人物之性。「惟天下至誠爲能化」，則亦與天地參矣。前章從「自誠明」來，此章從「自明誠」來。

至誠之道章

此「誠則明」之說也。「前知」，「知」字即「明」字，即先覺。「國家將興」以至「禍福將至」句，皆人所易知而共知者。「善必先知」二句，言「至誠」自心之知，善不善只就念起處說，是禍福的根子。「至誠」常明常知，只不另念起，便是「先知」，非必有善不善之念在其中也。此所謂「先天而天弗違」也。天且弗違，而況於人乎，況於鬼神乎，故曰「如神」。

誠者自成章

此「明則誠」之說也。「自成」者自足於己，無待於外，無物不具，無人不然也。「自道」者自行自路，須臾不離也。「誠者，物之終始」，言誠無終始，故爲物之終始。「物」包天地在內，不止人物。「不誠無物」，言無是理則無是氣矣。性爲實而形爲虛，故「不誠」則「無物」矣。「誠之爲貴」，言君子踐形盡性之功，所以實是物也。物亦自成，故「成己」即所以「成物」也。「仁」、「知」、「道」、「德」皆後起之名，一成己而萬物萬理皆備於我矣。說個「性之德」，即是「自成」；說個「合外內之道」，即是自道。己爲自道，物亦爲自道，故「時措之宜也」。

至誠無息章

「故」字承上章「誠者」節來，重一「至」字。不至則有息，至則無息。「不息則久」五句便是「不見而章」三句。雖功用如此廣大，而本體依然不動，徵如春之陽氣，萬物自然發生，那氣何曾知覺來。要知無息卻是常息的，惟其常息所以不息。至誠者，誠也；無息者，明也。惟常誠故常明，亦惟常明故常誠耳，不然則虛無矣。

「博厚」節：地以「博厚」而載物，而至誠之「博厚」爲載物之所以也。至誠之「博厚」屬理，地之「博厚」屬形氣。有是理則必有是氣，有是氣則必有是理，故曰「所以載物也」。下二句，一例三句見無形爲有形之宰。

「配地」節：「配地」、「配天」二句，言其大無外也。博無涯而厚無底，高無頂而明無蔽。「無疆」一句，言無極至無終始也。天地有疆，而「悠久無疆」三句，卻是一太極圖。

「如此」節：「不見」三句，只形得「至誠」一個「至」字。「如此者」三字，只說誠之至也。如此，「不見」、「不動」、「無爲」只是一誠便了。誠至則無所不至，章變成功，用即在本體中，何所容心？何所容力哉？

「天地之道」節：此節重一「爲」字。「無息」者，至誠之爲；「不貳」者，天地之爲。爲，猶行也；道，猶路也。惟常行則有路，不然則茅塞之矣。「爲」字又對「生」字。「生」者，「爲」之生機。惟其常爲，所以常生。「爲」如磨轉，「生」如麥屑，常轉則常屑，如暫不爲則死物矣。要知天地是活物，今人都不知「爲」字，是視天地爲死物了。此言天地之道由「爲」而見，至誠之道由無息而見。「無息」也，「爲」也，其實一也。

「天地之道」次節：此節重一「道」字。非特天地之形爲「博厚」、「高明」、「悠久」，而其道原自「博厚」、「高明」、「悠久」，此至誠之所以配天地也。

「今夫天」節：言天地之爲物以及山水之爲物，非言天地之生物也，然而生物自在其中。天地之中止言山水，是指出陰陽來，猶言聖人之仁智也。天地山水與至誠，是無爲而有爲、無心而有心者，故同道。凡人與禽獸只多了些「爲」，多了些心，所以無爲，所以放心，所以失卻至誠、失卻天地也。

末節：引詩以明至誠與天地同體，而無息與不貳同道。「純」即無息不已，即不貳也。「所以爲天」是天之道，「所以爲文」是文之道。二「爲」字與「爲物」「爲」字相應。

大哉聖人章

「大哉」，從配天地而贊美之也。「洋洋」、「優優」已盡於「博厚」、「高明」、「悠久」之中，而此處特發明之耳。聖人者，至誠之君子；君子者，誠之之聖人。「待其人」是一輩，待一輩是常待的，非待一人已也。「尊德性」數項，是仁是誠是定靜安之體；「道問學」數項，是智是明是慮之用。是合用力成德之始終說，非專謂方用其力也，觀下文「是故」二字可見。「不驕」，雖創制立法也是不驕；「不倍」，雖刪定著作也是不倍。不宜太執。「廣大」者仁之體，「高明」者智之體，「故」者勇之體，「厚」兼三德而言。上截俱就心說，下截俱就事說；上截主忠信事，下截徙義事。

愚而好章、王天下章

二章是至誠無息之功用。「本諸身」節與易之「與天地合德、日月合明、鬼神合吉凶，先天而天弗違，後天而奉天時」同意。「知天」、「知人」是至誠至明之體，非察識之謂。

仲尼祖述章

見仲尼之統貫一切也。「大德」、「小德」之「德」，謂「德者，得也」。天地之所得，聖人得之；聖人之所得，天地亦得之。此聖人之所以配天地也。

惟天下至聖章

首節：「聰明睿智」本是「大德」，但分出四條，卻是「小德」。通章總言至誠之德是如此，非必有其位也。

惟天下至誠章

「爲能」至「無所倚」（註四），一氣貫下。惟其「能」，故「無倚」。次節言「能」出於「誠」，故有三「其」字。末節「固」即前誠之至，「聰明聖知」即明之至。見誠到至處纔能明到至處，亦見「知」爲至誠之體，非可以推測而能也；亦見「知」爲自知之體，非更有知人之哲也。

衣錦尚絅章

以上三章言仲尼之至誠至聖，此一章子思自序其誠之之功也。

首節：「淡」、「簡」、「溫」三句，是言誠明之體。總由心中想其形象，如此便是「近」、「自」、「微」的本體。「知遠之近」三句，是反之之功，是反到自心誠明之體上。「反」是入內的工夫，故曰「可與入德」。世上人都是出外的人，知之者則反來入內矣。

二節、三節：慎獨非果有念，而戒懼非眞無念也。慎獨是不令念起，戒懼是不令念忘，即所謂「靜而無靜，動而無動」也。曰「誠」曰「幾」，是一心而有二象，非有二心也。首章是成德後事，故由靜而動，先言戒懼而後及慎獨；此章是入德時事，故由動入靜，而先及慎獨也。

四、五節戒慎之功效，而末節復極形之以還天命之體也。「無聲無臭」即戒懼慎獨之體。一部中庸總言戒懼慎獨之功，故首以戒懼慎獨始，而末復以戒懼慎獨終也。

校記

一 「謂之」，原作「之謂」。中庸云「喜怒哀樂之未發謂之中，發而皆中節謂之和」，故改作「謂之」。

二 「頁」，疑爲衍字。

三 「萬善之元以仁」，朱熹大學章句云：「仁者，天地生物之心，而人得以生者，所謂元者善之長也。」

四 「無所倚」，中庸云「爲有所倚」。

卷三　論語上

論語總論

論語一部止是論「學」。學，止是盡仁存仁之功，止是一「知」。顏之「四勿」，曾之「三省」，君子之「三畏」、「九思」，皆常知之學也，故曰「莫我知也夫」。「由！誨女知之乎」、「知德者鮮矣」，至末章三「不知」字，方始點出學者止知重「時」字，不知「時習」止是常知便了。常知處就是仁，非有兩層，故論語中「知」、「仁」每兩兩對舉，這原是一而二，二而一，離他不得的。中間禮樂、政教、道德、功業、人品高下是皆學的分量，皆是「知」的本領。推而廣之，即堯之「欽明」，舜之「濬哲」，禹之「祗台」，湯之「聖敬日躋」，文之「緝熙」，武之「執競」，成王之「基命宥密」，大學之「明德」、「知止」，中庸之「誠身」、「明善」，孟子之「知言」、「養氣」，皆是物也。故孟子曰：「聞而知之」、「見而知之」。識得這「知」字，則千聖之心傳備矣。要之，工夫不要離了，不要忘了，故曰：「道也者，不可須臾離也。」書曰「念茲在茲」，不忘之謂也；又曰「釋茲在茲，名言茲在茲，允出茲在茲」，不離之謂也。

學而篇（註一）

學而章

此是論「學」的功效，非論「學」的工夫。首節是「明德」，次節是「新民」，末節是「止至善」。一「學」字通冠三節，是即大學。「時習」二字，說盡一個「學」字。「說」、「樂」、「朋來」、「不慍君子」，總見一個「時習」。「悅」、「樂」是時習的心境，「朋來」、「不慍君子」是時習的本領，三「不亦乎」字，俱是形容之辭，只爲俗學以學爲至苦而無所得，故喚醒乃爾。言學中有如此快活、如此功能，豈曰小補之哉！

首節：「學」包博學五項，格、致、誠、正、修、齊、治、平在內。「而」字是已會的功能，「時習」包戒懼慎獨、敬以直內、義以方外在內，是不舍晝夜，無間動靜的工夫。「之」是「這個」，說心不得，說道不得，有而無，無而實有，是統天地人物的，卻在「時習」中間，非有兩個。

次節：「有朋」，是昔無而今有。人性皆善，舉世皆吾朋也；但學之未得，失了這本來面目。至「時習」地位，則復得之矣，故曰「有」也。「自」字見有來歷，「遠方來」見不獨有其理，且實得其人也。「說」者至明之體，「樂」者至誠之體，皆「時習」的心境，是常常如此的，非因境遇而動也。

末節：「人不知」，不特世人不知，即同類之人道理未明及所學少淺者亦實不知。「而」字甚自然，「不」字甚斬截，是「時習」者自然「不慍」，並不管人之知不知也。「慍」由望想心生，望之不得斯慍。「時習」則自無望想，心又何有慍？「君子」二字：「君」者，人神之主；「子」如蛾子鷄子之類，形雖未現而質則已具。「君子」者，皇帝王相之事業未著，而德業已成，是內聖外王之稱也。

辨解：註「學之爲言效」不必泥。此學兼性反，即三皇、五帝、三王、周孔何曾廢學？但安勉勞逸之不同耳！如曰「效」，先覺以上聖人果效著何人？註「既學而又時習之」，「說」似勉強。若勉強要恁的，則未必能「說」，未必能「時」也。註中「明善」固是，但世之學者多因貪善而忘去不善，故終無成功。況性本無善，除卻不善便是善；學亦無遷善之功，去不善之功即其功矣。學者靜觀「學」字，則知眞學之源矣。

推解：「學」字，象形則從「𦥑」從「子」，是人處屋蓋之下，專心致志之象也。會意則從「臼」從「爻」，臼以舂穀使去糠秕也。爻者，交也。卦畫交代之際，陰陽替更。若中無太極，則兩畫俱失之，故一「爻」而二「乂」也。人心寂感之交，變化兩端，若一時不習，則前後俱失之，故「學」字之從爻也。爻之乂如糠秕，學之功如臼，除卻糠秕則精米矣，除卻過差則皆善矣。又「學者，覺也」，常知常覺使不迷於所往也。「習」從「羽」、「白」，凡鳥舒翼則白，見「時」之心是常舒泰的，須於坦蕩蕩處體會方得；又往來數飛而不致隕墜，是誠敬的氣象，須於兢兢業業時體會方得。又「習」是數飛，屬動，見「時習」是常動的；數飛而無他志，又屬靜，見「時習」是常靜的。常動而卻常靜，方是眞動；常靜而卻常動，方是眞靜。故曰：「至誠而不動者未之有也，不誠未有能動者也。」識得動靜的面目，自知「時習」的光景、學的工夫。又「時習」是一的，若有一念夾雜便歇了。「慍」則念起，便是歇了，故「不慍」。「說」、「樂」是夫子推出來的，「時習」者只做時習便了，何曾有此意？見若知有此，也便歇了，故曰「逝者如斯夫，不舍晝夜」。夜夢裏尚是如此，況醒時乎？故曰「至人無夢」。到無夢時候方是至人，方是「時習」。「時」之義大矣哉！如鳥數飛，說得「習」，說不得「時習」。鳥有時不飛，這學無時息。又「時習」只是心常在，即是下章「仁」字，而「知」亦在其中。或問孟子「不動心」可是「時習」麼？曰：心到不動去處方是「時習」，若一動便非「時習」了。「時習」者，始終、本末、內外、精粗一以貫之矣。

孝弟章

此章有子本意重在孝弟，是發明個「誠」字，見世人的眞心在父母兄長處還有。說這個心事便是存仁之功在。序者之意重一「仁」字，見仁是「時習」的眞面目，而五德俱在其中。程子言此書成於有子、曾子之門人，愚靜觀篇章次第，非知道者不能序集，恐門人不能爲此。此必有子、曾子所成，而門人爲之繕書則有也。

首節：「其爲人」句甚現成，是已能的地位，卻是未能的心事。「孝」、「弟」二字總是至誠一片心事，委曲周詳用在父母兄長身上，兼常變言。註中「善」字可味，其心和順，是平日誠愛誠敬，無一毫違戾之意，用得慣行得熟，故能如此。「孝弟」在心上說，方與「好」字、「仁」字相關通。此節已有「本立道生」的光景。

次節：「君子」是泛論，與前章「君子」少異。前就現成說，此就始末說。「務本」最重，是聖賢的眞學術，本在心不在事務，有專心致志、兢兢業業、日昃不遑之意。後「主忠信」便是「本立」，是到仁的去處，有無所不具氣象。「道生」有萬理發皇、萬事盡善光景。「孝弟也者，其爲仁之本」，「孝」、「弟」二字止點出一個眞心便了，是用這片至誠心事去做那盡仁存仁的根本。「爲」字當「學」字看，蓋仁是本心全德，孝弟是本來的眞心。以本來的眞心去做那本來的眞德，是猶海水煮鹽，煮久則水皆是鹽。「爲仁」在心上用功。上節是案，「孝弟也者」句是斷。「君子」二句是承上引起斷意。大全「生質學問」之說不必泥。

字解：「仁」者，桃仁、杏仁之謂。桃杏一粒而具千枝萬葉之體，仁一理而具千變萬化之原。其中「知」是生機，如桃杏仁中之浸汁，徹始徹終而不可離；「信」是長機，如桃杏仁之尖，出乎仁之中，貫於枝幹之內，而成果實者也；「禮」是枝葉條幹之變化各得處。要之，「智」是生機，最要緊，一無生機，則仁是死的了。故論語中「仁」、「知」兩不相離，是聖賢的眞本事、眞學術、眞精神。

或問：別樣心腸，再有爲仁之本麼？曰：但是眞心都去得，即那走馬上杆的心，也是爲仁之本，只是下得杆馬，便不是了。家語「水且可以忠信誠身親之」（註二）也是的。

巧言章

此章序意，因上章言「孝弟爲仁之本」，恐人向事邊求仁，故序此章於次，見仁在心不在事，在誠不在僞，在內不在外，與夫子本意同。

省身章

此存仁之功也，正記者爲「時習」點眼耳！見存仁不是死煞的心事，固要寂然不動，又要感而遂通。曾子恐一向靜存，物感交至，呆了應接的心情，這便是感而不通，非清明在躬之本體，故曰「省身」云云。此正是兩頭照管、八面玲瓏的學問，是不令心不在的工夫，與大學右傳七章同意。章內三「不」字、「乎」字，是惟日不足的念頭，與德之不修章同心。

千乘章

此章是論「學」的本領，非論治的法術，正「時習」之無間斷、仁之無盡藏處。「千乘」，要說得甚大，見如許大國，只用得這一點心事便了，不必分出諸侯之國，又爲天下留些欠缺。「敬信」、「節愛」、「時使」總是一個心，遇著那邊，便分出那邊說話，見這靜存時已具得動應的面目，正是「明德」自具「新民」之至善處，恍見學術大而治術猶小、德業深而治功猶淺的氣象。註中「論其所存」正是。

弟子章

此章見存仁之功自弟子始。弟子初心未放，本與仁近，只怪父兄師長教之不善，故漸與仁遠。章內「孝」、「弟」等項，是爲仁要緊的料子。數「而」字、「則」字是教爲父兄者時時不要放鬆他，所以涵養德性使無失本來面目，這就是「時習」的根子。「餘力」不是將上項事做完，只是做上項事稍有空閒，便教他要如此也。

賢賢章

此章說得「仁」，說不得「時習」。仁有偏全，時習無間歇。賢親君友是爲仁的所在，「易」、「能」、「有」字是仁之見端，故註說出「誠」來。總之，聖賢學術都從實心做出實事來，非如後世記誦詞章之謂也。

不重章

此章爲仁下手的工夫，此「君子」是學者之通稱。「不重」不是他莫學問，只是未得「學」的本領，總然博古通今，終是淺露，此正是才華太露者，故曰「學則不固」。「主忠信」是務本的學問，「忠」、「信」亦仁也，但仁是渾然全體已成之德，「忠」、「信」是純然不雜方用之心。「忠」屬靜，「信」屬動；「忠」屬誠，「信」屬幾；「忠」屬體，「信」屬用。「忠」是此心專注於中而不他適之謂，「信」是此「忠」自內達外，自本達末，這頭通貫那頭，無時不然，無事不然的。只爲「忠」字說不了，故又說出「信」字，如桃杏仁之心然，是徹頭徹尾的物事，不是兩樣。「主」者，君臨之謂，如天顏咫尺，周旋進退無敢隕越之意。此中敬以直之，知以察之，仁以守之，俱在其內，就是時習的工夫。但時習是已能的功效，自然能知此。「主」是方用的功力，勉強要如此。勉強則有時放失，故下文指出「過」字，還說不得時習。「主」與「忠」、「信」是一個心事。「忠」、「信」是指出的形象，「主」是寫出的神氣。無形象則神氣無屬，無神氣則形象不立，這是兼內外動靜的，不是空寂學問。「毋友不如己」，學到成德地位，自能無所不容。初爲學時，一「友不如己」，便有滿志，便是蕩了「忠」、「信」之心，故「毋友」。「過則勿憚改」，此是有心時學問，若一無心便自放了，故曰「過」。但要速改便了，毋使延遲滋蔓可也。此章是格物工夫，時習是物格功能。

慎終章

此是仁之感應，指出用來。哀痛慘怛之時，能慎而不迷於禮。歲時已遠之日，能追而不忘其德。非有仁之成德者不能，故章內透出「德」字。

聞政章

此章是仁之感應至神處，亦是用。下感易、上感難，夫子感動邦君如此之神，德之盛也，仁之至也。「溫」、「良」五項是德之發皇，即仁之發皇處。

父在章

此章重一「道」字。見能盡其道之謂孝；不能盡道，雖竭力亦不可謂孝。「觀志」、「觀行」，皆觀其合道與否。「三年無改」，有「仁能守」的意在。世間除卻仁心，別無道理。識得道之根本，則仁不可須臾離也。

禮之用章

此章要想個禮之本出來，方有實際。「和」是外面的氣象，若中無自然的主宰，外面何能如此？從容爲貴不是「用」時要然，若在「用」時打點，便是「知和」了，便不是本有的節文了，如何行得去。本者何？仁是也。仁是至誠至明的，有了這個物事，何愁動容周旋不中禮也？不然，則終是勉強、不和。當與人而不仁章參看。

近義章

此章有先一層學問在。若只在臨時謹愼，雖愼亦愼不到好處。先的亦是仁，亦須至誠至明，方能如此。三段說得似淺，想起來根本甚深。

無求章

此章「好」字是主，與「好之者」同，較「主忠信」又進一層，是「欲罷不能」之意，但尚有理見在念，故不若時習者之仁而樂耳。「君子」亦學者之通稱，非成德之謂。「無求」等項一氣排下，非贊詞，是勉其能如是也。觀下「可」字，可見有不如此則不可之意。「事」字即「必有事焉」之事，「好」的就是這件物事，與「時習之」的「之」字是一個，但說不出耳。

貧富章

此見理無窮極，學無止息。「無諂」、「無驕」也是心上做工夫的人，較之「樂」與「好禮」則不如。「樂」與「好禮」是處貧富的盡境，還不是學的止境。時習之功，原是不知老之將至的。切磋琢磨總是無已之功，非說切磋琢磨遂到精密地位。切磋琢磨在子貢看的甚精深，在夫子看的猶粗淺，故曰「始可與言詩」，是說纔到告往知來的地位，前邊進步還多裏。此便是揚人之善而不過其實處，與女器瑚璉同意。

知人章

此「知」字是一篇的精神、一部的主宰，與時習相應。「知人則哲，古帝其難」，非時習功深至誠無息的學問，不能便自知人。這「知」是常明之體，未與物接時本自光明。物一來前便自照得分明，即所謂先覺者也。學到此地纔是「止於至善」。夫子說的似不經意，似為始學者點醒，仔細思量卻是徹上徹下語，已盡學之能事。序此於篇末，與首章「人不知」句相應，那不慍的君子就是知人的學者，合看方得。

為政篇

學而一篇是序明德之學，而其中亦有治化，以明德即所以新民也。為政一篇是序新民之學，而其中亦多學修，以新民不外於明德也。其章次交參如陰陽之錯綜變化，有先天河圖氣象，讀者難以分疏。二十篇皆是如此，須靜玩之，方可庶幾彷彿。

爲政章

「德」即是明德，但明德是指本體，此德是說功能，是明之工夫到得手處。既是爲政，則其中禮樂政刑不知有如許制作修明之功，如何說向無爲之治？只是這德到物格之時，那些禮樂政刑都是「物」屬，那些制作修明都是「格」屬，一切張施運用，千條百緒，總是因物付形。而此心毫不費力、毫無動念，即如印板摹紙，千張萬葉，刷來刷去，而此板毫無改易。然此板還是死的，久則字畫模糊；而此德是活的，愈久愈自光明。千古帝王齊治均平之道，都是這個種子。下章「以德」、「以禮」都在裏面，即那答子貢、子路、子張問政、顏子爲邦等語，舜之恭己無爲，皆是這個。辰居星共，只寫得君臣上下，熙熙皞皞，無所事事的氣象。蓋以天下之人物，由君德爲變化而恬不自知，即如天上之星辰，隨天體爲運轉，而若無繫屬。要知辰固不動，而星亦是不動。君固無爲，而民亦若無所事。此明德、新民、止於至善之圖也。

詩三百章

此章見學貴知要，不徒博聞見已也。序此於爲政之下，以「思無邪」爲德之本源故耳。

道之章

此見德外無政也。「政」、「刑」止完得一個政，「德」、「禮」止完得一個德。政者，正也，所以正己而正人者也。古之帝王修身立德，不忍天下之不德，故制五禮、八政、五刑、五罰，以節性防淫，而統名之曰「政」。後世不知正己，而徒以「刑」、「政」爲治人之具。究之民不能正，而己德日益虧矣，成得個甚麼政來？故夫子兩兩開說，在外面看，若平分以示人自擇，而裏面實說前項非政，而後項乃政之實也。以此論政，則不德不可以爲政，不學不可以從政矣。

聖學章

此「學而時習」之圖也，總是自明一生之學無異人處。古者十五而入大學，九年爲一大成。三十以下，十年一進。十者九之成數，是古學者實落功夫，不是聖人獨然。「立」、「不惑」等項，是學中通有的境界，亦非聖人獨然。只是聖人至誠無息，闇中進步，人莫能測耳。句中「三十」、「四十」等字最重，見十年而後一進，非可一蹴而至也。六「而」字作方能看，方是聖人勉人之意，方是聖人的謙德，不可講像即能之意。章內「知」字最重，自「志學」以至「不踰矩」，總一「知」字貫底。常知就是常行，非兩層。「志學」是「知」，「立」即「知止」，是「定」，以下是「靜」、「安」、「慮」。「從心所欲不逾矩」是慮之至善無所不得的光景。看來古人制禮作樂，修政明刑，皆是從心所欲，全不費一毫心思。故大學中「明德」、「新民」皆能「止於至善」也。章內包著「新民」，故序於爲政之篇，這就是爲政所以之德，故能無爲而治也。

懿子章

此章重一「禮」字。在夫子當日，只爲三家僭禮，故說及此。究竟起來，這禮不是虛文，卻是孝的全量，卻是大學的實功。那格物工夫，只要事事合禮便了。故「經禮三百」、「曲禮三千」，止一「知」字貫底，一毫不知便自違禮。這「生事」三項，聖人說的若不經意，在學者求之，若非盡仁盡智，頭頭皆是違禮，且莫說盡善去處。序此於爲政之篇，見爲政莫先於孝。序此於「四孝」之先，見下面三項皆統於此。

或問：禮盡於無不敬，而此言「知」，何也？曰：不敬何以能知，不知成甚麼敬？

武伯章

武伯力能革虎，故夫子以父母之憂喻之。

子游章

子游閑於禮文，故夫子以「誠」、「敬」曉之。

子夏章

子夏，文學士也。故夫子以「誠」、「愛」曉之。

觀問孝四章，見夫子句句說話中間有個本在。無本何以能合禮？無本何以能體親心？無本何以能敬？無本何以能愛？本者何？仁是也，德是也，時習是也。須先有這主張，然後頭頭不差。不然，在外面勉強要然，終是合不著。

吾與回言章

此喜不自勝之詞。夫子若以爲愚，則一日言之而已多，何能終日？「不違」，是相和合之意。陰陽和而雨澤降，夫婦和而家道成，顏子與夫子和合，所以「足發」出來。「如愚」是形容悅的氣象。凡人悅到至處則不暇言語，如癡人一般。顏子「如愚」，則悅之至也，故曰「於吾言無所不悅」。夫子此時口與之言，目視容狀，已知已喜。放心不下，故退而省之。「退」不必說夫子，「亦」不必說顏子，只是過後意「亦足以發」。只說「足發」便了，時人多硬解「亦」字，謂愚者亦能足發，是摘句尋字小家的學問，不必泥。「回也不愚」是喜而又喜之詞。序此於「四孝」之後，見如顏子「不違」、「足發」，方能盡得「四孝」，方能繼得聖學，方可用以爲政。

視以章

此章是知人之學，非時習功深、仁精義熟者不能。「視以」是視善惡，「觀由」也不單就善說。如五霸尊王是爲之善，而所由者則非善矣；湯武放伐是爲之不善，而所由則善矣。如單觀所以之善者，則湯武不足觀矣。所安中有不安者在。如湯武放伐，伊、周放君殺兄，安則便不是了。舜封象於有庳，不安便不是了。安固是安，不安亦有所安，故曰「察其所安」。聖王辨論官材，亦是此法，故序此於爲政篇次。上「與回言」節已有觀人意在，故序此於次。

溫故章

此章是眞知之學，只一「知」字便了。「溫」如埋火溫水，不令過熱，亦不令其寒，是勿忘勿助、時而習之之意。此是存養之功，是常知的意。「故」即明德，也是「知」。以其是本來的，故曰「故」。「新」者，「故」之繼。常「故」則常「新」，是日新不已的，即文之緝熙。此中有慮的能事，故曰「新」。要之，「新」亦是「故」，只是未溫時在裏面藏著。溫久自從裏面出來，故曰「新」。這是定、靜、安、慮、明德、新民、止至善的學問，是大學的眞傳，故曰「可以爲師」。「師」兼人己說，千古聖人幾曾聞得有師來，只是明德既明自然應用不窮。以此教人，不惟不受其困，而學統永無差異矣。前章觀人有知的意在，故序此於次。

君子三章

「不器」是君子的品地，「先行」是君子的德行，「周而不比」是君子的度量。學到「知新」地位則君子矣，故序此三章於次。

學思章

此因前「知新」止說得知，未及於行，故又序此於次，以見知行是合一不離的。

異端章

此懼知行之偏入於異端道上，故序此於次。

誨由章

前此章章有「知」，只未明言，此章方始說出。此「知」不在事理上說，是自心之知，是知之本也，即是行的實際。「知之」是心在，「不知」是心亡。存亡出入無不自知，是到自由地位，這纔是知。那知識見解算不得個知。聖門子路是眞誠的人，故夫子屢屢注意。若能如此用功，自能變化氣質至於中和地位。註說不必泥。

干祿章

此見聖賢之學不求有功但期無過。子張每在功能上用功，故說出「干祿」，非希心富貴者也，此正是子張不知處。章內二「闕」字、二「愼」字最重。大抵恃才負氣的人，多強不知以爲知，強不能以爲能，不肯「闕」那「疑」、「殆」。多矜其言行之善，不知愼那「其餘」，故夫子點醒出來，使他虛心自治，常自提醒乃爾。不然，落入富貴功名者流。曰「祿在其中」，使他自愧自警（註三）。祿仕是爲政一途，故序於此篇。

哀公章

序此於此篇，見哀公之爲政不以德也。「舉錯」乃爲政之要務，有知人之學在內。

季康子章

序此於此篇，見季氏之爲政不以德也。以上二章「舉錯」、「臨民」等項俱有根本在內，不獨在事上打點。

或謂章

孝乃爲政之本。此章歸到夫子身上，纔是爲政以德的本人，故序此於此篇。

信章

「信」只是個眞心。前章說孝說爲政，俱有眞心做主，故序此於次。

十世章

此見其禮而知其政之意。「禮」字最重。聖人之知，知其禮而已。知往知來總是一致，故曰「至誠之道，可以前知」，非讖緯術數之學也。

非祭章

二段皆見無德也。無德則不可以爲政，故次篇，有「政逮於大夫」之意。

季氏篇

前篇至哀公章，已見政不以德之失，至以「諂」與「無勇」終篇，則上下均失德矣，故此篇以季氏三家之僭禮樂始焉。僭禮樂則不仁之甚，故以人而不仁章繼之。禮樂既崩，則不可以無救，故以「林放問本」次之。禮之本，仁是也。但放非可與言仁之人，故但以奢儉較之，而「寧戚」一語亦透出仁的意來。無禮則淪於夷，故以「夷、狄之有君」次之。無君則神必降殃，故以「祀泰山」次之。僭禮之基自爭心始，故以「君子無爭」次之。無爭非禮文，皆以至仁出之，故子夏問章逗出「禮後」來。禮不可以反古，故以「夏、殷禮不足徵」次之。失禮之原始於魯之郊禘，故以「禘自既灌」、「或問禘說」次之。非禮則無誠敬，故以「祭如在」次之。非禮不誠則獲罪於天，故以「王孫賈問」次之。欲反其弊則莫若從周，故以「周監於二代」次之。從周則莫先於宗廟之禮，故以「入太廟」次之。禮之實卒不能復，則徒文與名存焉，故以「射不主皮」、「告朔餼羊」次之。禮亡日久，則人皆不知禮之所在，故以「盡禮為諂」次之。所以然者，以君之不以禮也，故以「定公問」次之。君欲以禮，則以修身齊家為本，故以「關雎」次之。定公卒不能振，而魯日以削弱，故以「哀公問社」次之。失禮之罪魁，始自五霸，故以「管仲之器」次之。魯之所以不亡者，幸有夫子正樂之功也，故以「子語魯太師樂」次之。夫子終不果用，而以轍環空老，故以「天以夫子為木鐸」次之。傷今則不得不思古，故以「子謂韶、武」次之。失禮之極，勢必君臣上下、生死吉凶皆違乎禮，故以居上不寬章終焉。篇內禮樂互乘，以禮者樂之中、樂者禮之和，是離不得的。

禮後章

禮以義起，是至仁至智之後，自然發出來的，故曰「禮後乎」，故曰「動容周旋中禮者，盛德之至也」。若不仁不智，總外面襲此禮文，終非集義所生，終是不能盡善，故曰「忠信之人可以學禮」。看來「巧笑」、「美目」雖是素質，卻都是裏面發出的「絢」，故曰「素以爲絢」，故曰「繪事後素」。說個「繪事」括盡外面事，說個「素」括盡裏面事，故子夏恍有悟也。子夏悟得甚好，只是不曾到這地位，故曰：「女爲君子儒，無爲小人儒。」

從周章

「郁郁」是文之得中、無過不及，損之無可損、益之無可益者也。周末文勝，是益之也，故夫子云云。

子語魯太師章

人秉氣以生，而性情於以載焉。性情之不能適中，氣不得其平也，故先王制禮作樂皆所以平其氣而已矣。樂聲所以平口耳之氣，樂容所以平目與手足之氣。樂容可以目視而易，樂聲必以神遇而難，「子語魯太師」正語以神遇者也，故曰「其可知也」。「翕」、「純」、「皦」、「繹」四象是夫子意中之樂，語之太師是令以意會而不可以言傳也。蓋夫子參考列國，得正雅、頌，正其節次而未見之施行。聖人謙德猶恐未能中和，故語太師以耳中神聽詳察滲漏乃爾。四「如」字、一「成」字，有不如此則不成的意，樂之精微盡於此矣。近日作文多有精粗淺深之分，試看夫子一語，太師便做得洋洋盈耳。太師豈等閒人耶，何可淺覷了他？況游魚牧馬尙能知音，即那愚夫愚婦，到得神閒氣定，靜中也有商量。太師，當時賢者。夫子豈肯語下遺上，以俟後人擬議也耶？且理數、道器原非二物，理自在數中，道自在器中。「翕」、「純」、「皦」、「繹」已盡得直溫、寬栗、無虐、無傲之理，豈進此更有精深也耶？試看如今善擊鼓吹笛者那得意忘言氣象，只是不會說那道理，那種道理聖人豈能外耶？

子謂韶章

此章「盡美」是由得人的，「盡善」是由不得人的。「美」者，聲容之節奏，所以昭德。韶、武皆有聖人之德，自是皆能「盡美」。「善」者，聲容之氣象，所以象功。揖讓與征誅不同，故有善有未善也。「未盡善」是聖人之過。孟子曰「周公之過不亦宜乎」，則武王之過不亦宜乎？聖人不文過，如日月之食焉。何得不象武功而作大武之樂也？「未盡善」不是貶辭，只是說陰氣勝些。

里仁篇

里仁、不仁者二章

前篇禮樂僭亂，以不仁之故也。上既失道，爲政皆不以德，則移風易俗維持之功責在儒者，故以「里仁」繼之。里何以能仁？以仁者爲之表率也，故以處約樂章次之。此章重一

「仁」字。不可處約樂，以不仁也，中無主宰故爾。仁者知者是中有仁爲主宰，故無往而不安利也。還重知者一邊，若以仁者律之，則世無全人，仁道終湮沒矣。開得知者一途，則人人可勉而至也。利仁還說不得好仁。利純是勉，好則幾於安矣。

惟仁者章

仁者包得廣，帝王卿相師儒都在其內。章內重一「仁」字，「能」由「仁」中出來。

苟志仁章

此知者利仁事也。苟志於仁，是守仁還不是仁守，是知之者還不是好之者。「無惡」兼心與事說。心純向於仁，則一心無二用。既無此心，自無此事。

無違仁章

此章只說得一個「無違」，就是安仁之仁者。「不處」、「不去」是一見便不是，自然決然之意。若是勉強要「不」，便是「去仁」。仁是無加雜的，一有動念，便是加雜，便是間歇，故曰「終食無違」。「終食」即是須臾，原是須臾不離的，故又說出「造次顛沛」來。「造次顛沛」也是他人見得如此，君子心上並無這境界。若君子見得如此，便是動心了，安得無違？此中無違，則更無違之時事矣。「必」字也是推論他恁等，君子何曾有「必」心？

好惡章

此章是「好之者」地位，還不是安仁。安仁則「樂之者」矣。「好仁」、「惡不仁」是一人，只爲好中有惡，故並舉之。見不好惡，他怎的不惡，成不得「好」。「好仁」非有個仁的物事，我去「好」他，只是存得本體，就是用的工夫。心裏只是個「好」，更無一物加雜，便是仁，故曰「無以尚之」。「尚」，加也。見只光光淨淨的一個仁，更無加雜的物事。註視天下之物無加於此者，不必泥。好仁單說心，惡不仁兼心事說，見不只空空惡著，實實有爲的工夫。「身」字即一身之視聽言動，不使加乎身則視聽言動皆仁矣。「用力」節最重，見成德之人也從用力過來。只恐人不用力耳，未有力不足者。「蓋有」節見用力而不足之人，還是上了路的人，還可以振世風，並這半截漢兒也未見得，豈不可歎可慨也哉！

或問：「好」便如何是仁？曰：到得「知之者」，已只一知便了，況好之者乎！

人之過章

此章重「知仁」不重「觀過」，見仁在心不在事。若心至純正，即事迹上看得有過，亦不害其爲仁。「各於其黨」，見「過」在小人則爲無心之失，「過」在君子卻是心上審度過的。那堯、舜、禹、稷等聖，只是遇得好，故純仁而無過。如湯、武、伊、周所處之事，此際不過適以害仁。惟過所以爲仁，這仁是權的，不是執的。究竟起來，無過不及纔是仁，纔是君子。

君子之過只是外面事迹，常人看的若過，其實君子是中的是仁的，何曾有過。

朝聞道章

此章「道」即仁也。「聞」是眞知，是心知，是能知能行，不是空知。那理有動靜不離、經權常變、無所不通的意在。人爲萬物之靈，天地生人已將天地人物擔子交付於我，任甚重，道甚遠。此道不聞，生有愧而死不安。此道一聞，則生人之事畢矣。生爲天地有益之人，死爲天地有益之鬼，有何不可？故曰「夕死可矣」。

志道章

道者何？仁是也。仁者何？存心也。心本無理無欲，即理也。「恥惡衣惡食」，有欲也。有欲則心放而不存，故「未足與議」。

君子之於天下章

此見仁不是空空靜存的，此中有義存焉。「無適」、「無莫」，仁之至也。「義之與比」，義之盡也。仁存諸心，是一的，本不見義，仁見諸事則義出焉。義以制事而此心終無所動，故曰「無適」、「無莫」，「義之與比」。

君子懷德章

心與仁一則爲德。「懷」者，時習而不忘之謂也。「懷德」已盡「懷刑」之意，再舉之者，以「懷德」是中的是直的是樂的，而「懷刑」又表一「敬」字出來，非眞有畏刑在念也。「懷」與「德」無彼此。「德」就已得處說，「懷」就常守而不失處說。究之常德就是懷，常懷就是德，非眞有一物去懷也。那小人之懷，是實實有物的，與君子之懷不同。君子之懷是常一的，小人之懷是常紛的。

放於利章

「放」對存，「利」對仁。心不存則放，不於仁則於利。就心上論，世上不仁之人，皆是「放於利」之人。就行事上論，則行有短長，故怨有多寡。

禮讓章

此見仁中亦有禮也。禮原因讓而制。讓者仁之謙德，在心不在事。只爲世上行此禮文，心裏實無敬讓，則此禮爲虛設矣。故曰：「能以禮讓爲國乎，何有？不能以禮讓爲國，如禮何？」

不患無位章

「患所以立」、「求爲可知」，只是患求其理，非有「所立」、「爲可」之心。若有是心，便是患位患知矣。「所以立」、「爲可知」者何？仁是也，義是也，德與禮讓是也。

吾道章

不雜曰「一」，皆備曰「貫」，曰吾道是不遠人的，即心之純然者是也，即仁也。那佛老家也說「一」，只是丢卻身與家國天下，說不得「貫」。下「忠恕」只是一心，見以之居心也是這個，以之與人也是這個，豈不是「一」？豈不是「貫」？是合解「一貫」，非單說「一」。但「一貫」是自然的，此「忠恕」兼「安」、「勉」，「誠者」、「誠之者」都說得去，門人容易醒些。

喻義章

「喻義」是仁的，是一貫的，任他常變順逆，千變萬化，紛投將來，都能肆應曲當，而此中終是一光永照、寂然不動的本體。「喻」字是主，惟其常喻，是以常義。「喻」屬知，「義」屬行，一不知便不行了。此是心正心在、無一有所的功能。「喻利」是紛的是動的，中有千方百計、千頭萬緒，也是造次顛沛終食無違的，故曰「喻」。此是世俗小人。如此，這「利」字還包得廣，功名念頭都在裏面，即那要成佛作祖的心，豈不是功名念頭耶？這也是「喻利」的小人。吾道千聖相傳，兢兢業業，只恐有過，做不得個庸人，何曾有成聖賢的心事？若有這片心，也是「利」了。

見賢章

此章示人以存仁之功，使無時無處而不用其心也。「見」字最重，是即一見亦不敢忽之意。「思齊」、「內省」，不止是見今人今事之賢不賢，即詩、書中古人古事皆要如此。亦不必見人類要如此，即天地日月山川鳥獸草木之賢不賢皆要如此。「見」字包「聞」字在內，聞於耳自見於心，心見亦如目見也。

父母三章

此正是爲仁之本。三章只一「誠」字，總是誠敬誠愛。知年之知就是爲仁之眞知。

古者章

序此見爲仁之功要實體在身心上做工夫，不是空談性命。「言」不是泛說，就是談道之言。「不出」與「恥」要一直說。「不出」非空空謹言，「恥」亦不是言時謹凜，只是未言之先，常有省身不及之念，故言不覺自恥而不出。這是單表出古者躬行汲汲皇皇、惟日不足之心，不重在謹言上。

以約章

「以約」是近仁的心事。言「失之者鮮」，見人只能在自心上檢點，不必到仁的地位，便自「失之者鮮」。見這仁是最易見功的，勿謂迂遠難成。

欲訥章

此君子存仁之功也。人之所以易言怠行者，以中無主宰，故臨時不覺輕發怠慢。君子是心常在的，此念出入是常知的，是由我的平日調練得熟，則言行自無不訥敏耳。故曰「欲」，非臨時想念要恁的。「言」專主發，「行」兼存發，見無時無處而不用其心也。

德不孤章

「德」即所謂「明德」，是兼五德的。「不孤」是說生人之原本來如此。「有鄰」是說人能修德必有類應。「必有」從「不孤」來，惟其「不孤」，所以「必有鄰」也。若本來是孤的，後來要求類應，則心各不同，如何得「有」？

事君章

此章與里仁章相應。里仁是處時事，此章兼出時事。里仁擇之不精是不智，此章不能審勢知人也是不智。見出處是一致，未有處時不智而出時能智者也。所以然者，總以不仁故也。首章以自己不仁故不識里仁之美，此章以心無主宰所以不覺多言，其失一也。此篇序盡仁之本末、爲仁之終始，讀者宜細玩之。那子游的正意，前人已詳，故不贅。

公冶長篇

此章論仁中之人品，見聖人之知人也、直道也、無溢詞無屈論也。序此於里仁之後，以見仁人之難也，以見仁在心志不在才華也。聖門賢者如子貢、子路、冉有、公西華、宰我等，皆才猷表表，爲當世所推美者，而夫子或有抑詞，或僅稱其才猷。即申棖，或以「剛」對，想亦志行不屈者，而夫子亦以爲「慾」。公冶長、子賤、漆雕開，其行事皆不多見，而夫子皆有褒意。列國卿大夫士，如孔文子、陳文子、季文子當時不甚推尊，猶不足論。如晏平仲、臧文仲、令尹子文皆一時名卿，微生高亦當時名士，而夫子皆有所不足。子產小國大夫，寧武子弱國罪臣，皆當時所輕視之者，而夫子皆有褒詞。所以然者，以子貢等賢、平仲等大夫、微生等士，皆事才外著而中無沉潛之心，爲遠仁者也；公冶長等賢、子產等大夫，皆有沉潛之志而爲近仁者也。南容之謹言、仲弓之敬猶皆不得爲仁，而丘明之恥、顏子之無伐施始庶幾焉。夷齊之「不念」方爲好仁，而孔子之老安、友信、少懷方爲安仁焉。大哉，仁道不亦難乎！中間性道不可聞、狂簡不知裁，皆以未仁之故。至其所以爲仁之功，端自省過始，而仁之姿秉，則忠信其本矣，故以二章終焉。

公冶長章

夫子謂「非其罪」，想長亦謹言愼行人也。下「免於刑戮」，是信理之常。此「在縲絏」是意外之變，見無妄之災非可以義理度也。愼之！愼之！章內「可」字最重，見聖人舉事，皆適當其可而止。「南容」節亦是「可」意，那鳥語之說甚怪誕，不必信。此章謹言愼行是近仁的，故首序之。

謂子賤章

子謂君子，其實不可臆擬。觀一「取」字，想是有知人之德者。重「取」，不重魯君子。

子貢章

此章非褒非貶，只一「器」字。子貢是大志的人，聞之不覺悚然，便是勉進的意。即曰「瑚璉」，子貢想亦是不喜的，聖人只就本分說話，便有無窮激發在內。要得「不器」，除非到仁的地位。

雍也章

此見夫子之惡「佞」處，不是論仁。然序書者之意，卻因「不知其仁」來。見以雍之居敬尚不得爲仁，仁如此其大也。

漆雕章

此章重一「信」字。聖賢原是信心學問，開無心說出便合，故「子說」。這點心事是近仁的，故序於此篇。

子路章

道是天下人之道，即所謂仁也，不必添出夫子。見人之所以爲人，道而已矣。「道不行」則人失其爲人，人失其爲人則不可與處，故有浮海之意。此章重一「過」字，世上只是這個，是「過」不得的。聖人只是無「過」之學，「無所取裁」便是過處。

武伯問章

此章是問仁，重仁不重才。見仁不是才之可能的。亦見夫子之直，雖自己弟子，也不虛譽一些兒，也不抹煞他好處。

子謂子貢章

此章只重「弗如」二字。夫子明知他弗如，所以「謂」他；他既知弗如，夫子便自「與」他。若論他知二知十的話，說得自己是的，還說不著顏子。子貢的知是知識，在事理上，是因聞而知的；顏子的知是眞知，是常知，在心上，不待聞而後知。註「明睿所照」說的是。「明睿」就是心知、是「常知」。子貢從外面看，見他知得恁多，只說他也是聞的識見；顏子聞處也有知，卻不是恁的。若是待聞而知，怎得欲罷不能？子貢若知得顏子深，夫子說「多識」，子貢必不曰「然」。知二知十總是多識的見識，切勿以夫子與他，便說子貢是顏子的知心。要求顏子的知心，除非曾子纔是，故曰「吾友」。

宰予章

「朽木」、「糞土」不是夫子痛惡已甚之詞，是本等說理如此。人之生也直。直是敬的，是志不怠惰的。惟敬而不惰，所以常直，所以常生。若一怠惰便不直了，便不生了，所以聖人不舍晝夜，雖夜夢裏也是敬而不怠的，也是生的。晝寢則志怠惰，惰如墮地之墮，凡物死則墮地，晝寢就是死心了，即是「罔之生也」。故曰「朽木」、「糞土」，只是說那皆是死的，故無用也。若說是甚惡之詞，倒是夫子「有所」了，是不直了，是有毀了。聖人是不爲「已甚」者，是直道而行者，是無毀者，豈是如此？

申棖章

棖之爲人想是志行不屈者，故或人以「剛」擬。這「剛」不是小可，是中立而不倚之本體，是以直養成的，稍有些兒加雜便不剛了。想他氣象是至剛，其中曲折變化無微不入，無入不得，又卻至柔。剛者即仁者，以其全體曰「仁」，以其姿性曰「剛」。

無加章

此章重一「及」字，與先行章同意。聖人不重空說，必到那地位方許子貢。曰「欲」，便是未及之詞。既是未及，忙說爲甚？曰「非爾所及」，見他說的固是，只是未曾行到，是教他汲汲去趕，趕到時再做商量。

夫子章

「可聞」、「不可聞」都是未聞，只爲他在夫子身上去尋，所以皆不曾聞。要聞夫子，須反來求我便是。子貢說的也象個悟景，只恐心裏不曾見著眞我，又當做空話說了。

子路章

此章斷盡子路一生。「未能行，唯恐聞」只狀得勇行之心，見子路只一勇行便了，這是子路的好處，也須知是子路的過處。若浮海之喜、終身之誦、死孔悝之難，都是他行的過勇之弊，須存「有父兄在」意，纔是中和氣象。

孔文子章

此章「好學」非省身克己之學，不過博覽典籍已爾。「下問」非辨質理道之疑，不過典籍之事實、事務之難決者爾。

子產章

「有君子之道」，只是子產博物，從學識上合著便了，非實有存心之功也。若從存心得來，則仁中生發無窮，豈得以四者盡之哉？雖然，子產還是正經人，春秋如子產者幾人哉！

平仲章

當時平仲相業，人皆推重，夫子一些不許，只說他善交便了，此外更無好處。善交也當不得個「信」字，只是久敬便了。看來這久敬也是勉強。大抵春秋人物只是才勝，誰是聖賢路上人？

臧文仲章

這是一筆勾煞的話。文仲惟是知的好處，曰「何如其知」，則餘更無足稱矣。如「不仁三」、「不知三」之言，皆非。

子張問章

「忠」、「清」皆就事迹上說。若是實心便是仁，何得曰「未知，焉得仁」？這是子張不知仁處，仁豈可以事迹論耶？

季文子章

此章也是勾煞語。文子的好處只是「三思」，曰「再可」，則三不可矣，此外更無可也。但語中只是論思，似未說著文子，其詞甚活，其氣甚和，耳裏卻好聽些，此正夫子言孫處。

寧武子章

「愚」的一片心事近仁，故夫子稱許之。

子在陳章

「狂簡」的人，止知瞻前，不知顧後；止知善之可期，不知過之可省。故曰「不知所以裁之」。究之，裁無別法，惟提醒其知耳。苟能自知，則能自裁矣。

夷齊章

此章只重「不念」字。「不念」本是無念，就是仁。見夷齊惡惡本無成心，只是感而遂通。當時原來寂然不動，過後自是忘了，故曰「不念」，非有心不念也。「舊」者，已往之謂。聖人的心，但是已往未來都無念頭，不止是惡。若是心上有念，怎能不念舊惡？夷齊還是「好仁」，還說不得「安仁」。「好」與「惡」對，夷齊既有是「惡」，自然還是「好」的。「好」與「安」皆是寂然不動，但「好」中尚有幾，「安」則渾然誠矣。

微生高章

世人不知直道，故稱高爲直，不知直在心，不在事。心裏常敬常中，外面有事，本心自然發出來，自無不直。若心裏無這物事，只在外面打點，且勿說「乞鄰而與」不是直，即不乞鄰而與不與皆是不直。夫子說此節，只是塞世人口，其實夫子不直高處還不在這裏。

左丘明章

此章只重一「恥」字。世人外面儘力妝弄，只是心裏不曾反照，不知這是可恥故爾。聖賢常一心內照，知得可恥之事，所以不去做他。章內重在丘明，只因說起丘明，拿自己做陪客。其實丘明是有心的人，所以知恥。夫子到無心去處，何曾有甚麼恥來。

言志章

「子路」、「顏淵」二節重一「無」字。聖賢學問要到無念處方是，若是勉強要「不」，這念終不能忘，便是自欺了。聖賢不是如此，故曰「無憾」、「無伐施」，不可混當「不」字看。「老安」三句明是言志，俗學必要在事功上說，所以多不合。聖人本無所志，只爲天下人志不遂，所以悚動了聖人的心志。其實只以天下還天下，聖人終是不動心的。必到「老安」三項去處，方是寂然不動的本體，方是安仁。

訟過章

世上本無好事，但無不好事就是好事；學中本無甚功，但得無過便是功。千古聖賢都用兢業，不是求功，只求無過已耳。這見過內訟之學，正是學聖的正道，正是爲仁的實功，故子急欲見之，而嘆其不得見也。

十室章

此章「忠信」是本來面目，是全德，不當小可。「好學」不是學甚「忠信」，「忠信」是本有的，何庸我學？夫子之學只是時習而不令其失耳，故曰「好學」。凡人之學，正是去其不忠信之心也，如舂穀然，不是舂米，是舂糠秕耳。去得糠秕純是米，去得不忠不信純是忠信。序此於訟過之後，因兩章同是一意，但淺深生熟不同耳！此是爲仁的實功，故以終篇焉。

雍也篇

此章論仁中之德行。以雍也首篇，只爲「居敬」爲作德之基，與上篇「忠信」相承。這「居敬」是「主忠信」之功，還是修德工夫。下顏子「不遷」、「不貳」，方是有德的功能。冉有、原思是無心德的，故其行未合義。謂仲弓見仲弓不特心裏「居敬」，其行誼亦屬有用矣。回也章固是論德，即康子問章「果」、「達」、「藝」也說資質爲然也，是天性之德，未說到才上。閔子、伯牛、顏子三章是心德見諸躬行者。冉有中無所得，所以諉之「力不足也」。子夏見得小，不知「明德」即以「新民」，故列不得德行之科。滅明行節高，雖中無心德之學，而亦得與德行之次。「不伐」雖似小善，而出乎一心之誠，不可謂非德。鮀、朝雖免世惡而爲巧令之徒，正所謂「德之賊也」。德者，行道而有得。不由道，則無躬行之實際，故以由道次之。道者，文質之得中。能彬彬，斯爲成德之君子，故以文質次之。直者，生人同具之令德。知、好、樂，德中必履之境界，故次之。中人以上有所得，故一語而即通。樊遲之問無所得，故但語修德工夫，仁知皆一德之分出。齊魯爲不德之優劣，故次之。「觚不觚」失卻本來的面目，從井救人豈爲有德之達權？博約固爲知德之君子，見南子何害大德之聖人？民之不德，以其騖於高遠，欲修其德，須近取諸一身，故次之。通篇論仁之德行，故以「中庸爲德」、「子貢問仁」終篇焉。

雍也章

「可使南面」因「居敬」來，舜之恭己也只是一「敬」便了，故曰「可使」。仲弓問伯子，因見其行而問之。夫子可其簡，也是以行可之，故仲弓說出根原來，意只重「居敬」。其行之簡，仲弓不曾細論。如朱註「所行又簡」，兼簡盡簡當之意，則是行之盡善了。仲弓之行尚未到這地位，如何去說著人，這簡只作不繁之謂爲是。只是那居敬的人，凡事不敢妄做，寧失之缺略，不敢去放蕩，這是大節處不廢的，比那居簡的只要省事、廢卻大節者不同，故曰「可」與「太簡」耳。程說「自然行簡」也只說簡，不曾有簡盡簡當之意。程說爲是。子然雍言是然其言，非然其行。因「居敬」是仲弓本有的工夫，其行尚未盡善耳。何以知之？觀問仁章可見。仲弓問仁，夫子教以出門使民、不欲勿施，只因仲弓靜存處多，動察處少耳。到得動靜無違，纔得居行盡善。仲弓的「居敬」還是勉強求靜，尚未到靜的地位，如何說得動的功效？須靜體之。

顏子章

此章只言「好學」，見顏子是「知之者」，還當不得個好之者。觀二「不」字，可見「好之者」是好仁者，此「好」無甚工夫，只是念尚未忘耳。「知之者」是有心照定，決要如此不如彼，純是念頭去克。「不遷」、「不貳」，正是純用念頭去克耳，故曰「不遷」。「不遷」是不令「有所」的意，見可怒未嘗不怒，但此心決不爲所移也。註解不必泥。「不貳」，註解得是。二者俱是常知的學問，是仁守的功能。惟其知照得定，故其守耐得久。這還說不得「知止」，「知止」已有四五分兒「安」。「不遷」、「不貳」只是勉之能毅，離「安」境不遠耳。程註「不遷」正是，但語氣渾含，使人終不了然。程註「不貳」甚好，但人要體這「知」字。

子華章

此見「義內」之意。義不是外面可襲取的，必仁之盡知之至，然後發出來自然合著。子華、原思都是慕義而行者，卻反失之不義。若是仁知者處此，前節不惟不請，即與還是辭的；次節不惟不辭，即不與還是請的。聖門賢者尚有此失，甚矣！義之難也。

子謂仲弓章

此見聖人用才之法，序意已詳篇說。

回也章

仁，人心也。顏子心常存而不放，故「不違仁」。言「三月」者，只爲顏子之心尚未到十分純正去處，念頭少息此子便是須臾之間，故註云「久」字，見違者猶少間也。其餘之「至」，是一日之間或有到來片時；一月之間，或有到來片時。日之至者，較勝於月之至，非至得一日、至得一月也。顏子譬如在家常處的人，有時外前走走。其餘如商旅之久在外者，暫時回家看看，其餘亦不可說向痴呆人去。聖門弟子無日不在仁上打點，但此道至精至微，難捉易放，故有時到來，轉盼又不覺亡去，終身求之而不可捉摹也，必如顏子之存心而後庶幾乎。

康子章

此章「果」、「達」、「藝」雖是說才，卻是德性中本來的，不是學問至此。那禮樂兵農、工虞水火是學得的，這「才」是學不得的。若從學問中來，必能化這氣質，不拘一偏了。此節各舉其長，只可言性，不可言學，以三子皆無存仁之功也。

閔子章

此見辭之決也、守之定也。惟其守之定，所以辭之決。閔子內重外輕，所以如此。

伯牛章

重一「命」字，見牛之順受其正也。

賢哉章

「賢」者，近道之稱，去聖人一間耳。「樂」便是道，但尚有「不改」意在，還在「守」的一邊，故未達一間。若在其中，則與道爲一矣。「樂」是坦蕩光景，無不樂處便是「樂」，「定」、「靜」、「安」是也。到得心正後則渾然矣。顏子「不改」是方正其心者，還不得十分心正，故曰：「吾見其進也，未見其止也。」

冉求章

此章病在「子之道」三字。惟見爲「子之道」，所以空「說」，所以「力不足」。若見得是己之道，自然無所不悅，欲罷不能，力有何不足也？這「說」是冉子口頭語，其實原不曾「說」。

子謂子夏章

學不至「新民」地位，便是「明德」未至，便屬小人。此章「小人」，只是家屬小，非利欲之小人也。見儒者一不體察，便入於小人而不自知。子夏之小，正在文學上，是無「知止」之德也。

臧明章

此章是論治，故重子游得人。在序意只表臧明行誼耳！

孟之反章

此「不伐」近德，故序及之。

祝鮀章

此見世俗中無君子，須要超出此界。

由道章

重一「能」字，見道非不能由者。

文質章

見君子是中的，不是偏的。若要外面得中，須是裏面有中的根子，纔能彬彬，是由內達外的。

人之生章

此「直」字包盡天下之理。此理當太極之初，渾然無物，這中間一點陽氣亭亭直上，無私無曲，生出天地萬物來，這是直的本原。及賦在凡人身上，有一種天性剛直的人，存心老實，行事端方，這是不失本來面目者，故號曰「直人」。這也是種「生人」。若到聖賢地位，將這本來面目以直養而無害，即所謂心正、意誠、身修者。是易曰「敬以直內，義以方外」，「直」是「直」，「方」亦是「直」。中庸曰「中立而不倚」，「和而不流」，「不倚」是「直」，「不流」亦是「直」。這種生機無窮，纔是個生人。就是死後，尚有生氣常存。如無了這個，雖衣冠言動，謂之行尸走肉可也，故曰「幸而免」。

知之者章

這「知」是眞知，是心知，不是知得那事理。但纔能內照還是勉強，還不是止。「好」，是這知到好的地位，方是「知止」。「樂」，是這「好」到「樂」的地位，即「靜」「安」「慮」之體也。三者是一套事，有淺深而無異同。「知之者」之外，不知有如許學問人博聞強記，談古論今，非不自命爲學者，究竟理會不得這件物事，此皆卑卑不足道也。此「知之者」在未知以前，是會用功的，不是泛泛胡做。到得「知」的地位，已是不多得的人，然尚有兩層境界。到得「好」的地位，如夷齊其人，千古有幾?尚有「樂」的一層境界。可見聖賢學問不到盡頭不休，即到「樂」地尚自至誠無息，況未至於此者乎。

中人章

道無上下，而語有上下。語其精者爲上，語其粗者爲下。究竟精的是語，道豈有精？粗的也是語，道豈又有粗乎？不可不察！

樊遲問章

「民義」是眞道理，「務」是眞見解。世人把人道看得淺近，將鬼神看得高遠。舍卑近而求高遠，往往入於昏愚而不自知矣。若能盡得人道，則質諸鬼神而無疑。非有眞知的見解，安能有專務的力量，故曰「可謂知矣」。先難後獲是專一的力量、純一的精神。仁，人心也。先難後獲則心不放，故曰「可謂仁矣」。向樊遲語比不得顏曾大賢，便有語下氣象。究竟起來，聖人言雖至淺，上下皆通，仁知尚有遺旨乎！

知仁章

此章只「動」、「靜」二字盡之矣。「山」、「水」指出動靜之象，「樂」、「壽」指出動靜之體。註中「效」字指成德後言，究竟是還了本體，故曰「動靜之體也」。「知者」、「仁者」是就氣稟之偏厚處說。「知者」、「仁者」，學問即造到仁知渾全處，然本來面目終是化不淨盡，故「知者」終成其爲知，「仁者」終成其爲仁，是性分中得趣偏多，非學問中用力獨厚。即如孔門弟子顏曾仁處多，孟子知處多，到得孔子地位則渾然矣。故此章兩兩分疏，非判然二人也。就得趣偏多處言之，以明「仁」、「知」之名所由來耳，即說理亦得。

齊一變章

齊魯是個樣子，大凡本來面目不失，即姿本庸愚，若一旦猛醒奮發有爲，便可造聖賢地位。本來面目若失，即姿本賢知，必須反回頭來還了本姿，方可進步。譬如這條正路，我在此不走。雖是懶漢子，若走起來，也可到那去處。若起初不問是非，往別路去走，走的遠了，忽然想起不是正路，須要回到那正路上纔往前走得。這不特齊魯爲然，即異端與俗人也是如此。那俗人若要求道，只往前走便是；那異端若求正道，必須還了俗，然後去得。

觚不觚章

此章括盡一切失本來面目者。

宰我問章

此章重一「可」字。聖賢舉事只當其可而止，見不必殺身是仁、不必不殺身是仁。若當其可，則殺不殺皆仁也。

博約章

此是勉君子，不是贊君子；是爲學君子，非成德君子。「博學」、「約禮」正是格物工夫。「博學」是學問思辨事，「約禮」是篤行事。「博學」不只一節。在未知之前，要求個正經門路，搜來尋去，多方討究也是「博學於文」。在能知之後，又恐知的不眞，探古索今，要得的確消息，也是「博學於文」。總是要求我的本眞未得，故去文中考證耳，非圖博聞廣記爲也。若於我無得，徒載五車何益？「約之以禮」是「約之」，不是「約禮」，只爲這個是莫著落的，須要拿禮來做繩子，約束著他，令他不得胡行亂走。這「約禮」也有兩節，在「博文」之時，以我心之矩度去度文中之語意，合著這禮的是道，合不著禮的便不是道。這是本心之天則，不是經曲之度數。在篤行之時，須要把這個眞心用那三百三千約束得住，一步不可離、一事不可外，即視聽言動之合禮是也。要之，「博」、「約」不是判然二時事，是一齊做的。只是這禮少有未慊，心上思維不得，須去那典籍上探討古聖如何行博的。一有所得，當下視聽言動便體行將去。此是格物實功，尚未到物格實際，故曰「亦可以弗畔」。「畔」是田畔，是外面經界，裏面只一塊大地。學到博約地位，已看到裏面去了，故曰「弗畔」。這還是見得理一，尚未心與理一，如顏子「卓爾」是也。若從而入之，連這塊大地也不見了，況有經界乎？註中「背」字勿泥。或問：博文時如何以我心之矩去度那文？曰：若不在我心上絜矩，這一片大海泛泛，何所適從？即如文中言仁，便思我心之仁是如何；文中言義，便思我心之義是如何。其他萬理皆是這樣體勘。

見南子章

此義所宜見，雖淫人亦不必拒；義所不宜見，雖正人亦所不屈。

中庸章

「中庸之爲德」，即仁也。以其無外無偏曰「中」，以其無息無間曰「庸」。仁包內外、大小、始末，是無遺漏無缺欠，曰「至」。「民」字包君臣、上下。以君臨之則民民也，以道統之則君臣皆民也。

施濟章

此見仁在心不在事，仁是心裏存的，不是眼裏見的。夫子老安少懷，只以天下還天下，何曾有甚施濟？況教養是民各自爲的，仁者惟不妨其爲耳，拿出甚麼自己的物事予他？「堯舜猶病」是千聖心傳，千古聖人只是病其不仁，故常自兢業，何曾見得甚仁以爲己功來？即帝民熙熙，王民皞皞，在民亦不知帝德王恩，而帝王豈有自居其能乎？這個事功不惟自己見得不是，即外人見得也是霸者小惠也，非王仁浩蕩。故見爲「能」，即「博施」、「濟衆」，也不是仁；病其不能，即未施未濟，也是仁。次節「欲立」、「欲達」，是仁之本體；「立人」、「達人」，是仁之本領，總未說到施濟。要知「欲立」、「欲達」是無欲的物事，這欲不是私欲，是理欲，只說個念頭便了。未立未達時，還有這欲；立之達之，則只一立達便了，並無甚麼欲的念頭。這是念頭定靜，是欲到立的地位，欲到達的地位，不是想著立，想著達。仁是無加雜的，有這念頭加雜，還是卓爾的見識，還不是仁的本體。「欲立」、「欲達」是己從入境界。「欲立」即「知止」，「欲達」即「從心所欲不逾矩」，到這地位則明德止於至善矣，何愁不能「立人」、「達人」而爲新民者乎？「立人」、「達人」，仁者總無這欲，即能「立人」能「達人」，仁者總不見得，所以「堯舜猶病」也。但聖人著其事，仁者備其理。究之，聖人之事也是聖人之理自然及物耳。聖人不曾費事費力去做，只見病，不見功耳。「能近取譬」是初學事，只是求仁之方，正是用欲的時日。看來子貢聰明特達，竟是門外漢，夫子纔教他入門工夫。那「博施」、「濟衆」之言，原與仁不相干，且是壞仁的物事。有以施濟爲仁之用者，是在外面看著，與子貢是一例人，切勿泥。

述而篇

此篇序仁之學術也。仁者何？時習之學也。學何以能時習？心在也。心何以常在？常知也。此篇言論容貌、存心接物，無在非學，無在非仁，只是無時不心在也。聖人之道盡於此矣！

述而章

此章是學之正統、仁之本體也。古今更無「作」者，即天地亦是「述」的。太極生兩儀，兩儀者天地也。天地生於太極，則兩儀述太極也。人秉天地之氣以生，而太極陰陽五行無不畢具。誠，太極也；幾，陰陽也；五德，五行也。雖有聖人，不過率性而行，述其所本有而已。故河、洛述天地，伏羲、大禹述河、洛；堯舜述八卦，三王、周、孔述堯舜。千聖心印，總一「述」便了，何曾有「作」？如釋氏存太極而無陰陽，老氏逆五行而違天地，「作」則作矣，卻異端而非道德仁義矣。「述」從「朮」，諧聲也。「從之」，是由舊道也。註不必泥。「信」如印信，是古人與我合的，故一見便信。好者，信之深，如好之者之「好」，非如今人之熟記誦也。老彭不可考，必吾道中人也。近世以爲彭祖，必非。

默識章

此章三句只盡得一個「時習」，總是一仁便了。「默識」兼動靜語默，即「學」、「誨」時都有默識，非止不言而存也。「學不厭」也兼動靜語默，那「默識」、「誨不倦」都是不厭，非獨學問思辨之功也；「誨不倦」也兼作止語默，即那「默識」、「不厭」也是「誨不倦」處，不止有教言也。「默識」單說存心，「學」兼行事，「誨」對人己，分看是三樣，合看只一仁而已。到得仁的地位，則頭頭皆是緒，即聖之至也。此是自然，不是勉然，故曰「何有於我」。「何有」是聖人的實話，惟其「何有」，所以爲聖。若一有，便非聖了。註「非聖之至極」不必泥。

德之不修章

此章一氣直下，作一句讀。「憂」是千聖心傳，即戒愼恐懼之意。「憂」從「不」來，聖人惟常憂其不能，終身無已能之心，所以日新無息也。

燕居章

此亦聖人之時習也。「申申」、「夭夭」是外面發出的氣象，須想他裏面是甚光景。

甚矣章

此亦聖人之時習也。到「不復夢」去處，纔是不舍晝夜。

志道章

此時習之始末也。「志道」是格物的事，學問、思辨、誠正、修齊一齊去做。「道」字是直去走路，非纔問路也。道一而已，不做則已，做則全般都提出來。「志」非空想，是一眼照定，灣灣曲曲都要走得到，都要走得，是靜存動察無所不至。「據德」不是一事之得，是全得，做時一齊做得則一齊得矣。「德」即是仁，但初得時尚是生物，恐又有走失，故據之。據無別法，只持其志而已。蓋德屬知，止這志已定，更無令其不定也。「仁」即德也，初得時尚有彼我之見，久而渾一無兩，則仁矣。「依」亦不外那「據」，只「據」屬省察，「依」屬存養。省察尚有那物事，還用些勉強；存養則入其中而無物之見矣，只是惺惺不昧便了，此「靜」、「安」境也，至「游藝」則能「慮」矣。「游藝」不是純學那藝，到得「依仁」之後，則百藝精熟，只是做那物事時此志不爲所移，如魚游江海，任他上下游泳乎水，不隨水爲上下也。「依仁」是靜而無靜，「游藝」是動而無動。「游藝」自「志道」至「依仁」皆有，但「志」、「據」屬格物，正是勉強做工，還說不得「游」。至「依仁」時屬物格，則任意逍遙，故曰「游」。這纔是時習的本領、安仁的地位。

自行束脩章

此仁之施。「教」、「不教」皆仁也。

子食於章

此是仁之情。

子謂顏淵章

此章「用行」、「舍藏」，安仁也。惟安於仁，則「用」、「行」總無芥蔕，故「則行」、「則藏」也。顏淵「不違仁」亦庶幾焉。「臨事懼」是戒懼，不是警懼，是仁之敬也。仁是心不動的，若一警（註四）懼，則心動矣。心若一動，怎能勾成那事。這戒懼是動而無動的。「好謀」是仁之能慮也，雖甚「好」卻甚自然。若是勉強謀慮，則慮亦未必善，怎能勾成那事？

求富章

此亦見夫子之安仁也。惟其安仁，所以富貴不能移也。與孟子求之有道章同意。

子之所愼章

此章「敬」之不「之其所」也。「齊」、「戰」是最費心事，「疾」是最易怠心事。「愼」，非愼三者之恐有不敬。聖人自無不敬也，是愼此心恐為三者所移耳。見夫子雖是安仁，中間也離不得敬，是動而無動之意。

子在齊章

此「愛」之不「之其所」也。「不知肉味」，只甚言其好之深，然聖心終無不在，非食而不知味者等也。「不圖爲」，「爲」字當作去聲。「至於斯」，當指不知味說。見聖人一生無甚愛慕，惟聞韶若專心向去，故其言似猛醒，曰「不圖爲樂之至於斯也」，此是聖人兢業心事，若此心之有所放，故云。若說不圖韶之作樂至於斯，夫子之云「盡善盡美」，豈在齊聞韶後語哉！

爲衛君章

夫子仁人也，必不爲那不仁。

樂在章

此章前是貧賤，後是富貴，夫子之樂俱不在此。但樂是聖人常在的，故曰「亦在其中」。「富貴亦在其中，則富貴亦在其中，非在貧賤不在富貴也。「我」是衆人的公我，是眞我。「富貴於我如浮雲」，則貧賤亦於我如浮雲，非富貴如此而貧賤不如此也。「樂」如明鏡，貧賤富貴如妍媸，妍的到來也明，媸的到來也明，即前無妍媸一物，也是明的。此樂中有敬，是仁之精神、知之自然、時習之光景。

學易章

此見聖人兢業之心也。易者，無過之書。其過者以中無太極也，何也？卦畫者，陰陽之變也。中空及外白者，太極之體也。陰陽之變，遇之窮通也。太極之體，心之貞德也。故易無太極，則陰過，陽亦過也。如有太極為之主，則陽無過，陰亦無過也。心無貞德則窮。窮，通亦窮也。心有貞德則通。通，窮亦通也。故堯之遇洪水、舜之通頑嚚、文之囚羑里、孔子之厄陳、蔡，在卦則否也、未濟也，在爻則「有悔」也、「不利攸往」也，而四聖當之，一無慼德，則窮亦通也，陰陽之無過也。周之昭穆、漢之孝武、唐之高宗、宋之眞宗，承數世之宏烈，在卦則泰也、既濟也，在爻則「天下文明」也，而五君當之，皆至於衰亂，則通亦窮也，陰陽皆過也。故昔之卜易，有兆凶而得吉者，有兆吉而反凶者。昔人皆斷以人，不以卦也。然則易何自而有過？無太極之過也。太極在中而人莫之見也。遇何自而有窮？無貞德之過也。貞德在中而人莫之知也。故經禮三百、曲禮三千，常變順逆備矣，而統之曰「毋不敬」。以敬則禮，不敬則不禮，不問常變順逆也。易卦六十四，易爻三百八十四，吉凶悔吝備矣，而主之以太極，以極則吉，不極則凶，不問吉凶悔吝也。故禮者易之數，易者禮之變，敬者太極之著於人心，太極者敬之存於先天者也。聖人學易，觀心之象於易，觀易之象於心也。得其象而太極渾然一聖心、聖心渾然一太極也。數之變化，遇之窮通，所不計也，何過之有歟？雖然，不見其過，則無地無時非過；常見其過，則無地無時有過矣。太極聖心，皆常見過之體也，故曰「無極而太極」，可以無大過矣。「德之不修，學之不講，聞義不能徙，不善不能改，是吾憂也」。「五十」不宜作「卒」字，只依大衍之數為是。易之八卦，體也。六十四卦，用也。大衍之數，取體中之八卦也。八卦六八四十八，大衍多二數者，太極之一動一靜也。其用四十有九，以一動隨卦畫而變化也；其存一不用，以一靜爲太極之存主也。隨卦畫爲變化，所以不可須臾離也。爲太極之存主，所以中之無盡藏也。不可須臾離，動而無動之義也。中之無盡藏，靜而無靜之義也。六十四卦、三百八十四爻，推而遠之，見變化之無窮也。大衍之數五十，約而統之，見萬變之無外也。不約而統則紛，而不足見用之神也。不至於五十則專，而不足著用之變也。大衍之數，文王用其中於民也，益之以動靜，一以貫之之道也。夫子五十以學，約而博，博而約，盡乎變，神乎用，用中之道，一貫之旨也。故曰：「可以無大過也。」

推解：河圖有陰陽而無太極，伏羲從點子上看出陰陽，又從點子內外無形處看出太極，故畫卦始於乾也。乾之第二三畫，圖中已著之陰陽也；其第一畫，圖中未著之太極也。太極陰陽連母數子，則三爻而成乾也。一乾而太極陰陽之理備矣，但太極者不動之體也。自一動爲陽而靜分乎陰，故天地出焉，河圖見焉。然則河圖天地爲人物之先天，而非陰陽之先天。天地人物爲陰陽之後天，而河圖陰陽猶太極之後天也。後天者，既動之義也，既動則不能無變，變則不能無偶，故乾者，陰陽之偶合太極而成者也。常動則常變，故坤者又乾之偶而成者也。陰陽偶而成乾，乾偶而成坤，則乾豈孤陽，而坤豈孤陰也哉？陽豈獨動而陰豈獨靜也哉？故乾動而與坤交，則成震、坎、艮之三男焉；坤動而與乾交，則成巽（註五）、離、兌之三女焉，此父母之變化生成，而成八卦也。其六十四卦，又男女之各相變化生成而成者也。然則易之用，乾、坤備矣，其八卦、六十四卦、三百八十四爻，皆乾、坤之變化於太極中者也；數之用，一二備矣，其一三五七九、二四六八十、百千萬億兆，皆一二之變化於太極中者也。故邵子之元、會、運、世，皆用三十、十二而成者。以三十者，三數體卦之用、四時之終也，故易數止用三，用其動存其靜也；十二者，四數體卦之復、四時之始也，故觀物皆配四，配其形藏其神也。七日來復，一氣之終而復也；子半之復、二氣之終而復也。七日來復，用卦之終而復也；子半之復，體卦之始而復也。有動不能無靜，無靜則一動而竭矣；有往不能有無復，不復則一往而竭矣。故寒來暑往，吸之復也；寒往暑來，呼之復也。往不復來則往竭，來不復往則來竭，一往一來，復之無息也。天地之道，動靜之理也，邵子之用「三往」之義也，邵子之用「四復」之義也，以數明理，以用還體也。皇極經世，數中之理；大衍之數，理中之數。以用還體，以體致用，其實一也。但任理則靜存而逸，任數則動察而勞，勞逸之分，聖賢之別也。任理則奮而勤，任數則怠而墮，怠而墮之，下達之流弊也。大衍非不能用三，率舊章而行無所事，以示人之易知也；易數非不可用六，神其數，以示人之莫測也。一顯一隱，才德之異也。然則學易者以文王之五十可矣。

雅言章

此見聖人無不經之言、聖人無無益之言。言經不言經，皆經言也。

葉公章

此章是點醒子路，不是使聞葉公。子路不對，未必不自以爲知夫子者，只爲葉公非可與言之人，故不對耳。夫子明知不知己之爲人，誨人不倦，到此卻不放過，故現出身來指示，奈子路終不醒何？「其爲人」句，見聖人是常有爲，不是無爲。「發憤」不曰「奮」而曰「憤」。憤者，幾也。夫子是常發的，如陽氣之發輝無已時也；夫子是常憤的，如易之知幾其神也。常發常憤，卻是常樂的，是一時事。「忘食」，非食不知味，是不計及於食也；「忘憂」，非無事不憂，即有憂亦忘也。「不知老之將至」：「發憤」、「樂」是常知的，惟知在此，故「不知老之將至」。「老之將至」是不必知、不可知的。若一知此，便有間，便非「時習」了。此聖人說盡一生，不是自謙。

生知章

此章「知」字是仁之精神，是「知之者」之「知」，不是知識之知。夫子氣質本自清厚，本是知的；但未學古之時，此心渾然常行，而不自知其爲知也。及讀古人之書，聞古人之言，見古人之心，方知自心與古人相合，故好之而敏求焉。大凡人見自己的人，自然好之之情不容已；做自己的事，自然求之功不容緩。「好古」、「敏求」是聖人的心學、是聖人的常知，是實話，不是自謙以勉人。

子不語章

此見聖人之仁也。聖人非有心不語。大凡常人之心是昏亂的，聞斯四者，非驚則羨，非訝則惑，故逢人不覺便說。聖人之心是常仁的，是常知的。聞時此心淡然，不驚不惑。知是無益有損事，看的不打緊，過此便自忘卻，故自「不語」耳。

我師章

此亦時習之學也。重一「我」字，惟我此心常在，故隨在皆不放過，隨在皆是學問，隨在皆是師資。所以聖人無常師，卻無人無地非師。凡人此心是常放的，不要說三人，就是千萬人也不知師；不要說同行之暫，就是終日同居也不知師；不要說善不善，就是聖人在前也不知師。從善是思齊，改不善有內省在中。「擇」字要緊，是要辨得明、知得眞，不要誣善爲不善、不善爲善也。

天生德章

此亦見聖人之仁也，其中有不惑、不憂、不懼之意焉。重一「予」字，見不必桓魋之不能害予。桓魋即害予，予之天也；桓魋即不害予，亦予之天也。禍福之至，在予之幸不幸耳，即天亦予自然之命耳。桓魋其如何哉？天者，自然之理而已。聖人是信予之天，非靠著上帝之佑保也。

無隱章

此章說一「我」字，是「以我爲隱」，不是說我隱而不言。當時二三子不見聖道，只在夫子身上去尋，所以尋不著夫子，所以謂夫子「爲隱」。故子曰「吾無隱乎爾」，是說我在爾身，我即隱不能隱爾身。「吾無行而不與二三子」，是說我之行即二三子所同行者。曰「是丘也」，是說與二三子同與的是丘，與二三子異而不與的不是丘。故夫子教顏子以視聽言動，豈非與二三子所同者乎。顏子從我之視聽言動上博約，所以見得夫子，曰「如有所立」。二三子從夫子身上尋，所以「夫子之性與天道不可聞也」。學聖人者要於「與」處學，不要於「不與」處學。那「不與」就如俗言不相干，如學那不相干的，到底不知聖道。

四教章

四者總是爲仁之功。註「忠信爲本」（註六）。「忠信」是仁的眞種子，聖人之教止一存忠信便了。但不博之以文，恐錯認了這物事；不體之以行，恐空寂了這物事。故教雖有四，其實欲歸於一也。

聖人章

聖人即仁人。仁是聖人之實德，聖是仁人之徽號。聖人則依仁游藝，無所不至，即「中行者」也。「君子」是「據德」的地位，「善人」是生知安行的姿質，只欠學問耳。論其姿竟強似君子，其學亦未到君子地位。「有恒」是生質貞靜，下一「有」字，其中也有些學問，能不失性耳。不然，人誰無恒而言有恒，何哉？三者俱是聖人眞種子，俱是本來心事，俱可以作聖，故重思之。那「亡而爲有」三項是失本眞之人，即博學多通、才能邁衆，總非聖賢路上人，是聖道之最忌者。

子釣章

「釣」、「弋」是不違俗，聖人之義也；「不綱」、「不射宿」是不泥俗，聖人之仁也。然總屬無心而適當其可耳。

不知而作章

「不知而作」，即如佛之修性、老之養命，這原是他知理不眞，故妄作起來。「作」之一字，是道理所本無而強爲臆解之辭。河出圖，洛出書，皆是理之自然，是天地原不曾作。聖人著書立說也是發明已然之迹，何曾作來？不可說向前人已作完，再無可作處。譬如這個窗子，原是始初本無而人造作之者，究其所以然處，也必本陰陽五行之理而成，離不得那個物事，雖作也是不作。不知而作者，是離那件物事，故謂之「不知」，故謂之「妄作」。孟子云「天下之言性，則故而已矣」，也本「述而不作」來。「我」字只在「我無是也」句還他，下「多聞」、「多見」、「知之次」不必添出「我」字，方是聖人渾含語氣。「從之」與「雖欲從之」「從」同，「識」與「默識」之「識」同，總是渾而爲一，常知而不忘也。惟其常知，所以能擇而從識；惟其能擇而從識，所以益知。「次」非下一等，是知的稍後者。彼不知而作者，自謂我不曾靠著書本，有自矜生知意在，究竟失了眞知。多聞見是學知之人，學雖後於生，及其知之，一也，就是那生知。聖人自己本見得明白，然猶不敢自是，而必加參稽考驗之功，方纔是眞知。「知之次」對知者說，不對不知而作者說。此章要見「作」便是不知。

互鄉章

此見聖人「不爲已甚」，聖人之仁也。夷齊惡惡甚嚴，尚不念舊惡，到夫子地位連那夷、齊的念頭都忘，豈有進而不與者乎？

仁遠章

此章要參究「至」字。「至」是仁之全體都至，見一念之欲能拓得仁的全體。仁何嘗遠來，人能從這個念頭存養起來，終食不違，無少間斷，便與仁爲一了。但暫至而復去，不向此用力保守，故終身求仁而不得。

昭公知禮章

此見聖人過中之仁也。當時若以爲「不知禮」，卻是聖人之不仁，卻是聖人之過。曰「知禮」，固是聖人之過，卻是聖人之仁，卻是聖人無過。此過在對司敗時，夫子原是明知故犯，非無心之失也。故聞責而直任之，不敢諱也。此始終見聖人之聖，始終見聖人之仁。

子與人章

此見聖人與善之意，不重「歌」上。歌乃善之至小者，猶不敢忽。如此，可見聖人與人，每有一善無不取而得之於己，即大舜樂取，與人爲善之意。不似常人矜己之善，人即有善，亦自忽略過去。

躬行章

「文」是說能行的話，即道德仁義之言，「行」即行其所言之事。「文」、「行」總是一個，但有虛實之分耳。要知「躬行」是徹內徹外的工夫，視聽言動、作止語默無在不然，即修身爲本之意，正是聖賢的大學爲異學所不能竊、俗學所不可及耳。

聖仁章

此見聖人重學之意。學乃實實做事，只是一個「爲」字。「發憤忘食，樂以忘憂」，總是「爲之不厭」。這「爲」字與「其爲人也」「爲」字同，爲聖爲仁總是爲人。「誨」與「爲」不平，「誨」是將這自己做過的工夫仍教人去做，自己「爲之不厭」也教人「爲之不厭」。成己成物就是至聖至仁的道理，無少欠缺之處，故曰「可謂云爾已矣」。聖人至誠無息，原是如此，不是謙詞。「正惟弟子不能學」是公西華見到之言，不是推尊聖人。

子疾病章

此見聖人之仁，到此死生關頭終不動心，不特不舍晝夜已也。「丘之禱久」是提醒子路處。重「疾病」，不重「禱久」。

奢儉章

此見失中之弊。與其太過，不若不及。

坦蕩蕩章

此見君子小人之不同，只是一念之分。「坦」、「蕩蕩」不是兩樣，「坦」是平地，「蕩蕩」是一望無際。只是這塊心地至平至正，無一念加雜，至廣至大，不可限量。「蕩蕩」的就是那「坦」的，是心正之本體，定靜安樂俱在其中。坦蕩蕩中也有「長」的意在，「長戚戚」不論順逆，常是如此。要知君子之心是常舒展的，小人之心是常拘促的，此所謂憂樂境界也。

子溫而厲章

此章與燕居章相表裏，但燕居只指一處一時。「溫」、「厲」等項，見無地無時而不然也，要想他裏面光景。

泰伯篇

此篇序古今之仁人，而間以求仁之學、不仁之失，以為後世勸也。首序泰伯，見讓之出於至誠，仁之至也。次以無禮章，以「篤親」與「三讓」同誠也。曾、顏，聖門之仁者，故次之。興詩一章序，存仁之始末。「不知其仁」則民矣，故以「民可使」次之。「好勇」、「才美」雖挾持不同，不仁之失一也；「三年」、「篤信」雖淺深各異，求仁之篤同也。「不在不謀」，固素位而行之仁人；師摯關於樂章，亦近仁之君子。「狂不直」三者失卻本來仁心，「如不及，猶恐失」可謂純仁學士。終序二帝及夏、商之王者，見仁之統序有自來；不及成湯者，以夫子之語未及此也。先舜、禹而後堯，由心德而及事功也；繼舜、武而及禹，見取人之必以身也。

泰伯章

此贊泰伯之仁也。「至德」正於「無得而稱」勘出。「無得而稱」，非民之不智，以至德之無迹也。當時民若稱之，則彰親之不慈，彰弟之不恭，爲沽名干譽者流矣，豈得爲至德乎？「三讓」只是一誠，「三」字或當時有事實而失傳，亦未可知，不敢臆解。

無禮章

大凡聖人說話，都有裏面一層意思。此二節原係一章。首節見不仁則不可以善身，次節見至仁則自可以化民。「無禮」等項，不於「恭」、「愼」、「直」、「勇」時求禮，見禮以義起，義由仁出。不仁則頭頭皆無定見，故到此耳。四者俱不重禮，須於仁中求之方得。「篤親」二項，以本心有仁德，故頭頭皆是仁。化民成俗，只言仁德之效，未說到治上。

手足章

此章「手」、「足」不過指出個身來。曾子，修身省身之仁者也。手足無傷，則視聽言動之各修矣。「戰兢」者，千聖之心傳，即弘毅章之仁也。「免夫」者，死而後已之重任也。

敬子章

「道者三」，仁之形著於身也。三「斯」字可味。

吾友章

此見顏子之仁也。人雖不能，未必無一能；人雖寡，必有合著處。故「問之」非實見其「不能」與「寡」，而僞爲問之也。「能」與「多」、「有」與「實」，皆自曾子看出，顏子本不知也，若一知則非仁矣。「犯而不校」、「以直報怨」，總無心也。當時聖門惟顏、曾爲兩知心，故曰「吾友」。

可託章

此見仁之本領也。「可託」、「可寄」、「不可奪」皆於仁德中信得，故曰「君子」。

弘毅章

「弘毅」就是仁，「弘」是仁之體量，「毅」是仁之精力。但仁指理，弘毅指心，故異名耳。若得其心之體，自得其理之體，故曰「不可以不弘毅」。此曾子之仁也，士之實也。子貢問士章言士之用，此言士之體，必體立而後用可行。

興立成章

此明博文之故也。「興」、「立」、「成」的是仁，詩、「禮」、「樂」特借鑒耳。但不得詩、「禮」、「樂」，不惟學利困勉者不能，即生安者亦不能自見其性，故君子之博學於文也。若學詩、「禮」、「樂」而不能有「興」、「立」、「成」，這些記誦之末卻要他做甚。

民可使章

此雖說爲治者不可過責於民，亦見人之不可自安於民也。聖賢亦自民中出，惟其克自振勵而爲「知之」者，故脫去民之名目。人若不自振勵而終爲「由之」者，雖士大夫亦與民等耳，亦以見「由」爲「可使」而「知」非「可使」者。子曰：「由！知德者鮮矣。」聖門賢者，聖人猶不能使之知，況民乎？

好勇章

此明致亂之由，以不仁故也。「好勇疾貧」的固是不仁，「疾之已甚」的也非仁者，若仁者則不爲「已甚」矣！

周公之才章

此見人而不仁，雖才亦末也。

三年學章

「學」字宜玩，想他學的是甚麼物事，直恁親熱竟忘了那「穀」。凡人不知在自心上做工，故念頭在此，忽然又至彼。若在自心上用工，則兢業恐失之不暇，何暇至於「穀」也。此明說存仁，人特不之思耳。「三」者，理數之一終，即如八卦之體也。故天道至三而變，人事亦至三而變。三年之中不知幾經變更，而此心終無所移，到此無所移，則終無所移矣。此時習之功、定靜之驗，非可以小學論也，故曰「不易得也」。

篤信章

「篤信」即「知之者」之「知」，「好學」即「好之者」之「好」。「守死」者，靜之專；「善道」者，動之變。此內外不二之業，仁之存於體用者也，故「不入」、「不居」，「則見」、「則隱」，說得甚自然、甚活動。若未至於仁，則不能如此盡善也。故末節富貴貧賤也是學問中人，只是中無所得，所以進退不能由，而自遺羞恥也。

不在其位章

此章「不謀」「不」字甚斷絕。必素位而行，不願乎外之仁者，然後可能。不然則「謀」，必不能如此斷絕也。

師摯章

師摯近仁，故夫子重思之。

狂而章

「狂」、「侗」、「悾悾」是姿質薄濁，不曾妨著本性，不害其爲仁也。一至於「不直」等項，不特壞了性善，連這姿質也失了。此必不可與爲仁，故曰「吾不知之矣」。

學如不及章

「學」非他，存仁也。仁者何？不放心而已矣。「如不及，猶恐失」，總不放心之謂也。聖賢兢業，都是這心，與「學問之道，求其放心」同意，是眞工夫，未可以俗學測也。學者只描寫那「不及」「恐失」之心，不曾想著學的何事，所以千里。

禹舜章

有天下不與，要想他與的是甚物事？舜、禹不是無心人。

堯章

堯之「則天」不是奇事，凡人皆有則天本事，只是不曾造到。若造到這去處，不惟則天，天且則之；不惟天大，這更大於天。要想這大的物事是甚。堯之大，不大於爲君，爲君因之亦大。首節說的是德，次節說的是功。惟其德大，所以功大。惟其德「無能名」，所以功亦「無能名」。「巍乎」、「煥乎」，皆是「無能名」意。要之，功是德之發見，還是有盡的物事；德是功之源本，卻是無盡的物事。這是天地之祖、人物之根，都在仁人身上。大哉！孔子也是恁的，不可不察。

舜有章

通章總重一「德」字。舜、武之臣之多矣，獨言「五臣」、「十亂」者，舉其有德之仁人也。「舜有」、「予有」重二「有」字，見五臣、十人，皆有德之仁人。舜、武若非聖仁之君，那人必不爲所有。「才難」，見有德仁人之難，非智識才辨之難。「唐虞」二句，不必較三朝盛衰，只說古今來惟三朝爲盛，別代則不能。而周猶有婦人，總見才之難也。要知舜、武之時無遺才，即有隱而不仕者，是那才自有肺腸，非薄舜、武而不出。末節見舜非獨讓，而武非獨爭；舜非居至，而武非居次也。「以服事殷」，周之讓已至矣！孟津之舉，周之仁所不得已也。事之爲讓而伐之非爭，仁人之用心，非聖人其孰從而知之。美武而湯在其中，夫子不美湯武，亦未嘗非湯武。美之，恐貽後世之口實；非之，而湯武實無利天下之心。此聖人之隱心也。

禹無間章

此見禹之仁也。仁是無所不至、一無間斷的。禹之奢儉勤勞得宜，無一非出心裁，又卻一無驕強，知之至也、仁之盡也！禹自無間，人何自而間之？要知「菲飲食」等項是外面事，夫子從外面事上看出裏面的心，所以說「無間」。若是裏面無主，外面怎能勾善。言「鬼神」，則不止祖考，而曰「致孝」，見致敬之意總以孝親之誠推之也。

罕言篇

此篇序夫子之仁也。

罕言章

此序「仁」之著於言也。「利」不止財利，即「先事後得」、「先難後獲」，皆罕言利也。「命」固罕言，論語一部無在非言「仁」，何謂罕言？以皆引而不發耳。試看一部中言仁處，或言其功力，或言其成德，何曾說出仁是甚麼道理來。然靜體之，卻皆竭盡無餘，此非夫子之故隱也，仁原是說不出的。

達巷章

此亦夫子之仁。不尤人之意，也是夫子不居博之意，與多能多識章同。黨人大孔子處，只在「博學」。曰「無所成名」，正是美其博處，非惜之也。子聞之，恐門弟子皆騖於博，故謂之也。重「謂門弟子」，是提醒弟子，非辨駁黨人。若曰：黨人以我爲博，吾非務博也。吾或無所執耳。夫與其博而泛泛無所成，何如精於一之爲有得也？黨人其有以教我矣，吾今而始知所執矣。「執」字是好字眼，堯舜之「執中」，「君子不亮，惡乎執」，皆是物也。世上道理只是一個，無物不有，無事不然，只在人能領會耳。六藝中禮樂爲先，射御次之。若中無領會，即學禮學樂也算不得執；一有領會，即學射御也是眞執。聖人是有始有卒、一以貫之者，即舜之耕稼陶漁，無非執中，況射御乎？且勿說射御亦學者事，即那矢人函人，若是一其心志、精其職業，此中有些領會，也是聖賢路上人。終不若徒博者之泛泛水中鷗、飄飄風頭蓬也。近說多將「執」字對「無所成名」，恰似夫子內自慍矜而外以言挑人也，卻非。

麻冕章

此夫子之仁，行所無事者也。重一「禮」字，「從衆」、「從下」，皆從禮也，此中無一容心而已。

絕四章

此亦夫子之至仁也。在人視之爲「絕四」，夫子惟一仁而已。

子畏章

此亦夫子之仁、之不動心也，與桓魋章同意。「後死者」不必說後文王而死者，只是自茲以後之人。夫子若遇匡人之害，則後死者不得與於斯文。文是常在的，若令其不在，必無是天也。

太宰問章

此亦夫子之仁也。總重「不多」。太宰純說多的不是，子貢說又多，也不是。聖人只一「不多」便了，只一仁便了。

吾有知章

此正仁之體也。前章見聖人之「無能」而「至能」，此見聖人之「無知」而「至知」。「空空」只就夫子說，見吾本「無知」，其言不過竭彼之兩端耳。「無能」、「無知」是仁之本體、聖人的本心，是聖人的實事，非謙詞。

鳳鳥章

此見聖人之仁也。與孟子「不豫色」同意，而但有至、未至之分焉耳，非言此而心動也。

子見章

此見聖人之心無不在也，仁之用也。

喟然章

此序仁之心傳也。「喟然歎」，如凡人上了山，長嘘氣一般。「仰」、「鑽」、「瞻」、「忽」是實在道理上捉摹，但只就夫子身上究竟，故到底尋不得實落。夫子卻就顏子身上教，教以博文，教就文中尋「我」，非徒博文也；教以約禮，教就「我」中復禮，合著「我」的便是規矩，合不著「我」的便是非禮。這種見解，非「仰」、「鑽」、「瞻」、「忽」之前夫子不曾善誘，只是前此不曾尋著門路。夫子雖明明教他，他覺東衝西撞胡捉胡摹也。虧他如此用心，故特地一朝覺悟，見得道不在夫子而在我，尋見自己本來面目，自不覺十分親熱，離他不得丟他不下，故自「欲罷不能」。「既竭吾才」，非但費盡心力，到此聰明才智俱用不著，這纔是實實下落，實著腳處，故曰「如有所立卓爾」。這「立」字與「中立不倚」的「立」字一樣，只是那個無聲臭、無形影，自己並不見得，故曰「中立而不倚」；這個「立」字，尚「如有卓爾」之見，還與我爲二，只是不違耳，故未達聖人一間。「雖欲從之」二句，正是顏子深心用力、沉潛體會不肯歇手處。惜乎其年數之不足也，故夫子曰：「吾見其進也，未見其止也。」「我」者何？視聽言動便是。學者須到欲罷不能地位，方可言學。欲罷不能是「我」中有這端趣味，不是說博約。

子疾病章

此亦夫子之仁，至疾病而無違也。聖人只是一仁，故常知而無欺。由之行詐，只爲知的不眞，而直情徑行也。聖人責之，只是提醒其知以至於仁耳。非如凡人之有意欺人也。

美玉章

此亦聖人之仁，與「用行舍藏」同意。不特求藏無心，即「待」亦是無心。言「待」，特爲「求」、「藏」下藥耳。

居九夷章

此亦夫子誨人不倦之仁也。當時諸夏自五霸以來，人心變詐極矣，反不若九夷之樸眞而近於有恒，爲可教也，故子欲居之。非有怨天尤人之意也。

樂正章

此仁之不得已也，非自矜其功之意。夫子刪詩、書，贊周易，作春秋，定禮樂，皆不得已而正名定分，以爲天下後世計也。亦見聖人隨在皆有所學，不因所遇之窮，而遂不留心理道也。故此章之意，若曰吾雖不能興道於東周，亦幸得有補於樂章，則庶幾不虛此行耳。

事公卿章

此見聖人之行，隨分自盡，不假安排，無少缺欠。非至仁至誠不能，故曰「何有於我」。默識章是內地工夫，此章是應事接物無不適中，合兩章看，方見聖人實際。

子在川上章

自此以下，皆言仁之體量、時習之功用，是夫子即學以爲教也，正註中「勉人進學不已」之意。此章「逝者」是一句，「如斯夫不舍晝夜」是一句。「逝」字包得廣，盈天地間皆逝也。但聖人說話多在當人身上，這「逝」字還重在時習一邊。道也者，不可須臾離也，況晝夜之間乎？故學者須無少「舍」之處方可言學。「舍」者，宿也、止也，如三十里一舍之舍。人身尚有休息之時，此心更無歇腳處。爲學之功不特青天白日無少間斷，即夢寐之間也須惺惺存存，纔到得無息地位。此等工夫大約以敬爲主宰，以靜爲腳根。無靜無動，無時不然，纔是聖人當原言「逝」本旨，故朱子曰：「此勉人進學不已之意。」日晝現而夜沉，月夜現而晝隱，煙薪盡而氣息，道理無在不有，只是世人不曾見得。惟水之爲物，日夜潺湲，常流不息，爲聖凡所共見者，故夫子言「斯」，以爲盲人指路耳！

好德章

此章只是一「誠」字。「色」不止女色，凡紛華美麗者皆是。這「好色」倒是不舍晝夜的物事。你看人晝間所謀之事，夜來便在夢中，豈不是不舍晝夜也耶？人能易此心於德，則逝者之不舍矣。

爲山章

此章總是勉人進而毋止之意。即那一簣，已成山後也是進的，也是不可止的，況未成乎？況纔覆一簣乎？但爲學而未成者言，故有「未成」、「雖覆」話頭，到得已成，終是至誠無息也。

不惰章

顏子說「欲罷不能」，夫子便說「不惰」。可見顏子的心事夫子知得深，夫子的道理顏子體得親切。夫子「語」的是甚麼，顏子「不惰」的是甚麼，不是說這件也能，那件也能，道理原無兩樣。夫子終日語的言雖不同，只是這個；顏子終日質疑問難，條件雖多，也只體會是這個。顏子用心在這裏，被夫子一語點破，如草木之得時雨，自然生化無窮，欲罷尚且不能，有何怠惰起來。註中「心解力行」四字最宜玩味。唯其解之深，故其行之力；惟其行之力，故其解之益深，二者相需相承。解非推測之識，故行非勉強之力。「其」字見惟回爲然，亦有勉進群弟子之意。

子謂顏淵章

如方長之木然，方長而折，所以可惜。「未見其止」，只足得一個「進」字，正是不惰之實。

苗而不秀章

此只爲止了，所以不秀不實。若是常進，豈有不秀不實之理乎？到得實時，也還是生機常存，也還是進的，故一種又生苗也。

後生章

「可畏」是畏其進也。「無聞」則止矣，故「不足畏」。要知後生是形氣、精氣之俱方長者，從而教之學之，俱率其生機進機也。「無聞」則自挫其機矣。「斯」字可味，見這一生無幾何，日最迅速也。

法語章

此章只爲人不進而止，所以陳善納誨也。「法語」、「巽與」是竭其化導之方，「吾末如之何」是終不忍其陷溺之意，聖人之仁也。

三軍章

「志」者一往之銳氣，正進仁之精神，是自由而不靠著人的，故曰「不可奪」。

衣敝章

此見進之無已時也，重「足」字、「臧」字。學原是終身不足的，是見不得臧的，故夫子有「吾憂」，曾子有「三省」，千聖有「兢業」，總是不足、未能臧之意。若曰已足已臧，便是止而不臧也。子路終身不知此，故夫子屢提醒之。

歲寒章

世上柔靡之物、柔靡之人，只是中未堅定，所以遇境而變。松柏、君子皆是內力堅厚者，故以之相比。要知凡物到歲寒，生機非不內存，只是精氣薄弱，爲寒所蔽而不得出頭耳；凡人遇世變，眞心非不自有，只是學德淺薄，爲時俗所淹而不敢發耳。松柏、君子皆是盛德光輝之不可淹，故危行而不自禁耳。松柏、君子皆是常進的。

知者章

「知」、「仁」、「勇」固是進學之序，到得「勇」時，纔是進進不已也。

可與章

世間的進機原是不可與的，如田苗是一日一手耕種，生長尚有先後高低，況學問是各人心事，如何等得？是在氣之清濁、力之強弱、志之勤怠耳。此說進的尚不能相等，則止者不足論矣。人當知所自反而自勵也。

唐棣章

「華」因偏反，所以有搖落；人因多思，所以思之不得而遠。思者田心，經界自正而我不勞也，故曰「君子思不出其位」。「君子有九思」，「未之思也，夫何遠之有」？學者且勿論思之是非，先自思這思是怎的本面。這「九思」、「思不出其位」是有思？是無思？「我欲仁」，「欲」與「仁」是兩樣？是一樣？則知思矣，則知仁矣。此章「思」字括盡一篇大意。若不思，則頭頭皆失緒矣。思者何？仁之精神、知之妙用，即所謂心在者也。一心在而萬事萬理備矣。「思而不學」與「以思無益」的「思」字說得淺，那是慎思之思，是知識之思。這「思」字與「九思」、「思不出其位」「思」字說得深，是心之全體，是無思之思，不可不辨。

鄉黨篇

鄉黨一篇，曲盡聖人身修之明驗、時習之功用、盛德之極致，皆仁之形著者也。試看每節之中神明變化，肆應曲當，何其知也；而且從容不迫，自然中節，毫無安排，何其仁也；不可者自然決然，一無苟且，何其義也；其可者進退周旋，動靜語默，隨時曲當，何其禮也；而且誠以出之，無一毫勉強矯制之意，何其信也。經曲之宜、中庸之道、大學之功，語上一卷之義盡矣至矣。學者而欲學此，其一身之外著者，不可襲也，須體其裏面是甚光景；其臨事之曲應者，不可驟也，須體其先時是甚工夫，則或可庶幾矣。

鄉黨節

鄉黨者，身修之成性、治平之繼善也。世之學者皆曰不得君而仕，我之學無所試也。及觀其居鄉，實無一善之成名，即得君亦徒然耳！大學止言齊治，而鄉黨一條已隱含其中，特學者不之察耳。今觀吾夫子於鄉黨一節，方知聖賢學問鄉黨其首試者也。若不善居鄉，不特治不得國與天下，亦必非身修家齊之人。「恂恂」、「似不能言」，休將夫子看得痴呆，只是無傲無慢之意。此中敬老慈幼，矜恤鰥寡孤獨，遇富貴而無諂亦無亢，遇貧賤而無傲且有體恤之心，皆在其中。

其在節

「其」字可味，見聖人不是個執著的，在彼如彼，在此又如此。此兩段「不能言」、「便便言」，若無爲者處此，居鄉不能，在朝廟也是不能。有才者處之，朝廟便便，鄉黨更數長舌。

朝節

〈註中「不同」宜玩。正是聖人變化咸宜，外雖不同，中卻是一個。

使擯、入公門、執圭三節

此三節不是別臣不能如此，而夫子獨然也，只是人所皆然，而夫子獨出之誠，恭而安也。圭禮辨（註七）：圭、禮俱是君的，如何敬有差等？不知這圭原是天子頒諸侯的，雖君亦不敢忽，況爲臣者乎？至禮則君之私物也，但不敢褻已耳，豈得與圭相等耶？

衣服節

此節見「用意求美」與「用意服惡」皆非正道。聖人但服所宜服，不加意也。不出乎常情之外，卻不似常人之貪與矯耳。

食節

此亦飲食之常，但夫子無貪心，無矯情耳。

正席節

「正」是夫子一生功力、鄉黨一篇主意，何獨席爲然。

鄉人節

鄉人之不可爲而爲之，雖睦鄉卻是壞俗；鄉人之所可爲而不爲，雖持身亦是戾俗。是故君子之居鄉也，有不善之俗則化之；至飲酒嬉戲之事，無害於義者，君子亦未始不爲也。

問人節

此二段，皆不欺人於背後。

廐焚節

乍聞之而便問及傷人，惻隱之誠也。

君賜節

此人之所易忽，而夫子必敬謹之無間也。

朋友節

此「義之與比」也。

寢不節

此節容貌雖變，而此中惟一致也。「寢不尸」，正是時習。不舍晝夜，其身不惰，其心不放也。居雖不容，其心亦未嘗放也。

升車節

此見聖人無時無處而不正其心，無時無處而不用其心也。

末節

「色斯舉矣」，知也；「翔而後集」，敬也；而此中寂然不動，則仁矣。「時」是寂然不動的，卻是感而遂通的，故曰「斯舉」；是肆應曲當的，卻是兢兢業業的，故曰「而後」。若以此論去留，則「斯」者去之速，「而後」者止之遲也。此在人國則然，若父母之邦又當別論。鄉黨一篇，總一個「時」字，事上接下、衣服飲食、起居言動皆時也。「學而時習」原是周身內外之功，故以此終篇，以應首章之義。「色斯舉」二句，是記者引鳥之時中以證通篇孔子之「時中」。「山梁」節又引孔子之言以明「色斯舉」二句之意，此是通篇結語。

校記

一 「學而篇」，原闕，據前後文體例補。

二 「水且可以忠信誠身親之」，孔子家語作「水且猶可以忠信成身親之」。

三 「警」，原作「驚」，據文義改。

四 「警」，原作「驚」，據前文改。

五 「巽」，原作「異」，據文義改。

六 「忠信爲本」，四書章句集注引程子語：「教人以學文脩行以存忠信也。忠信，本也。」

七 「主禮辨」，原另作一節，據文義改。

卷四　論語下

上卷序「學不厭」，下卷序「誨不倦」也。雖上卷亦有言教，下卷亦有言學，然其旨各有專屬也。卷首先進見禮樂爲教化之原，次顏淵見仁爲禮樂之本也，次子路見政爲仁之張施，次憲問見仁人之不可多得也，次靈公見無道者之不可以爲政，次季氏見政逮於大夫也。政逮於大夫則陪臣必執國命，故以陽貨次之。陪臣執命則賢士皆隱逸矣，故以微子次之。陽貨以上七篇，見夫子教澤之宏；微子一篇，見夫子所遇之厄、世道之不幸也；子張一篇，見教之所成，不虞承統之無人；堯曰一篇，見學教之所始序、垂統之甚遠也。論語爲散著之言，讀者難以貫通，記者篇章皆有所屬，則學者庶知所次第矣。後世無孟子，則孔子之道不著。當時無記者，則孟子之私淑何自？夫子之道大矣，記者之功偉矣。後之學者，安得獨尊夫子之道，而不尊記者之功也哉！

先進篇

此篇首先進，見禮樂爲教化之本也。次陳蔡，因首章「如用」之句，惜夫子終不果用，而有陳、蔡之厄也。回也以下，因四科之賢，而實序其行詣也。不及伯牛、仲弓、宰我、子游者，以事實、篇章各有相因，而不必重爲序也。參以南容、子張、曾子、子羔、曾皙、公西華者，見聖門之多賢，而不以與難之十人終也。季康子、子然亦答問之教。而論篤一章，因子張之務外而序及也。首以禮樂，終以禮樂，見禮樂爲陶淑人才之具，而諸賢皆在陶淑之中也。

先進章

禮樂何以言「進」？以「進」者人心之生機，人而爲禮樂，其心有一往不息之機故也。即如禮之上堂聲揚、入戶視下之類，一二步履之間便有許多變化；足容必重、手容必恭、口容必止之類，一身上下之間便有如許照管。樂之左者忽右，右者忽左，前者忽後，後者忽前，舞蹈之際便有如許周旋；五音六律之不紊，堂上堂下之克協，歌岳之際便有如許倡和。此中若無進機爲之主宰，則鮮不至迷亂矣。況古人制禮作樂非圖好看，非取快樂，原以收人放心而已。故其中之變化咸宜者，義也；而其所以主宰乎變化者，則智矣。肆應無方而此中寂然不動者，仁也；誠以出之而無少矯制者，則信矣。故曰：「立於禮，成於樂也。」不惟禮樂爲然，即那射御書數都是這片心事，故學者之必「游於藝」也。不然則放蕩之具，聖人制作亦何爲乎？

陳蔡章

此章有成德達材之教。

非助章

「說」與「不亦說乎」之「說」同，是兩心相合、無所容其辨難之意。那「不違」、「不惰」，皆是這個心事。

孝哉章

此非積誠以動，不能格其心也。

南容章

南容知心學，亦德行之科也。

顏淵四章

對康子，思之久也；哭之慟，哀之至也；而車不從請、葬不從厚，聖人之情不過乎禮也。

季路章

此總是一仁，「能」與「知」皆仁也。「能」是全能，不是偏能；是自然，不是勉然；是本領，不是功效。「知」是睿照，不是推測；是常知，不是暫知；是本體，不是工夫。「事」有人神而「能」無人神，身有死生而「知」無死生，此教子路最眞切最簡盡處。要想「能」則事固事，不事亦事；「知」則生固生，死亦生也。要知這「能」是無能，這「知」是無知。惟其無能所以無不能，惟其無知所以無不知。要知這「事」之心，就是「能」。畏天命、畏大人、畏聖人之言，皆「事」之心，皆「能」也。這生處就是知，草木根而苗，苗而秀，秀而實，實而復根，皆生，皆「知」也。「能」屬誠，「知」屬明，此誠明合一之旨也。

侍側章

此章要想裏面是甚光景。惟其中之不同，所以貌之各異。「子樂」中申申夭夭、溫厲六項俱在。「誾誾」亦有些樂的光景。註「樂得英才」之意，是將聖人看得有心了。樂出有心便是喜，不是樂，不可泥。

長府章

此見閔子之言遜而直，簡而盡，有德者之言也。故夫子嘉之。

由之瑟章

此始終是勉進之意，非先抑後揚。升堂入室，俱就心說。堂是接待之位，室是寢處之所。子路的心境本自正大光明，無所私曲，儘可接待物事，只是退藏處少些檢點收斂之意，故夫子云云。曰「誨知」、曰「知德鮮」、曰「何足以臧」、曰「未能未知」，皆是提醒未入室之意。

子貢問師章

此章見道理本無「過」，「過」處也是「不及」。「過」是到那一面，「不及」是在這一面。這一面固是「不及」，到那面反回頭來也是「不及」。故兩人地步雖自不同，若要至道，那個從西走轉來，這個從東走將去，工夫都是一樣，故曰「過猶不及」。章內之意，重在「過」與「不及」論道理，不重就師、商論人品。子張不是造詣已過子夏，不是看見道理的在前面。只是氣稟之偏，兩個都不曾化，故只在兩頭胡轉。須知「過」的還不若「不及」，「不及」的若肯問著路向前走，也還終須到得；「過」者若不轉回頭來，則越走越遠了。故中庸責重賢知之過。觀齊一變章，可見此不特勉進二子，實點醒子貢耳！子貢是賢知之過一邊。

季氏富章

當時夫子使由、求爲宰，實欲正季氏之失以維魯。冉求不知此義，卻將季氏當就自己君看，倒盡起忠來。當日原未嘗科斂於民，只是賦稅不缺便是聚斂。只爲不知此土此民不是季氏應分的田祿，故曰「富於周公」。這與子路死孔悝同失，故夫子深責之。

柴也章

四者皆言氣質之偏，未嘗說到後來造詣上。註中「參也竟以魯得之」，是後來參究出的話頭，章內不必添入。若顏子則無氣質之可言，要想像他「庶」的是甚麼。近道不在安貧上，人能安貧也可漸進於道，只是顏子已過了這地位。「屢空」二字還是對針子貢，若曰「回其庶乎」，只是屢空而已。賜雖致富，只是「億則屢中」而已。兩人得失，還是誰高誰低。蓋夫子一生注意子貢，惟子貢聰明，可以造就顏子地位，故屢將兩人對證。說子貢處還是不望中之望想，言「回也其庶」亦是向顏子急著鞭處。「柴也」以上不必有「子曰」字，這總是記者統序之耳。

善人章

子張的資質也在善的一邊，只是他不知學的緊要，任性而行，故有過之失。此處問善人之道，他還是慕高資質的意。夫子只就善人答他，說「不踐迹」，這是善人本等，非揚人之善而過其實；「不入於室」，也是善人本等的，非責人之惡而損其眞。只一「亦」字便有無窮勉進子張意。若曰這善人是負聖人氣質的人，尚不能自然入室，也還要學，況他人乎？

論篤章

此見取人不以言。論到「篤」的地位也是實實究心理道的人，只爲不曾眞見他行事，也不敢遽信，況論未必篤者乎？可見世上挾才妄作文章，滿世都是聖賢門外漢。「者乎」二字，爲不能知人者說。若是聖賢觀人，只一論說間便自窺其眞僞，豈曰今日姑聽其言異日又觀其行乎？即那聽言觀行，也是聽時就觀，非過後又去觀也。若說今日聽言，明日又觀行，此在熟知之人則可，若傾蓋相逢，千里遇合，怎能勾知其眞僞也？聖人必非如此。

問聞章

此章總是進二賢意。子路失之過，冉有失之不及，「退之」是就那頭趕將來，「進之」是就這頭撼將去，兩頭兒都是進的。惜子路卒死孔悝之難，是終無「父兄在」；求爲季氏聚斂，是終不能「聞斯行之」。

子畏章

夫子知「天未喪斯文」，顏淵說「子在」，聖賢俱是見得眞、守得定的話。「吾以女爲死」，正是夫子探討顏子的學問，可見聖人無處不是教。

季子然問章

此總是抑季氏，不是貶二賢。「所謂大臣」節，是論大臣的本領以抑季氏，非貶由、求也。

使子羔章

「有民人」節不是子路強辨飾非。學所以學其事也，平日空思空談，不如即事爲學，倒有實際。書中前言往行，不過借以證吾心見在之事耳。子路是眞誠的人，凡事皆以實心去做，原不靠著書本，只是言之太過，恐至廢學，壞了天下中材，故夫子責之，不是說子路是佞者。只爲天下強辨的人，皆是他知之不眞，所以硬掙其詞。子路總是不曾知得眞切，故有此失。

侍坐章

這正是「不患無位，患所以立」之教。夫子明知二三子心事不純在德性上打點，故有此問。及所言果是如此，這也都是成材者，所以不言。及曾晳一對，恰纔是聖人心事，所以與曾晳，正是點醒三子處。

「率爾」節：四子中惟子路氣象看的不好，若論道理倒是子路十分眞誠、十分擔當，通節總是「率爾」氣象。子路之「可使」，有決然斷然之意；冉有之「可使」，有或然庶幾然之意。

「求赤」二節：曲禮曰：「長者有問，不謙讓而對，非禮也。」子路不曾在此處檢點，冉子、公西子只是能循這個禮也。

「點爾」節：曾晳只是不作未來想。「莫春」是見在之景，「春服」是見成之服，「冠者」、「童子」是見在之人，「舞雩」是見在之地，「詠歸」是見在之樂，還稍涉後些。當時鼓瑟不因夫子之問而即歇，氣象何等從容！三子具難得之才，曾晳具難得之心。有是才者未必有是心，有是心者未必無是才。夫子之問原是「患所以立」，非教他急於用世。三子之對雖無十分患位之心，卻在「位」字上打點，故患位之心未嘗忘也。曾晳胸次瀟灑，全無芥蒂，倒是患所以立的眞種子，故夫子「喟然歎」而深與之。只爲他是心上乾淨的人，與「素位而行、不願乎其外」之君子相近。

「三子出」三節：聖賢道理須將矜喜憂樂盡化纔是。曾皙之後雖是他細心處，然狂者心趣只是脫灑便了，矜喜之念卻未嘗化，後之一問少有些矜喜念頭。禮以敬爲主，子路之「率爾」固是不敬；曾皙少有矜喜之念也，與「敬」字有間。夫子說出禮來，雖是責成子路，亦有點化曾皙意在。下「冉有」、「公西華」二節之答，雖是許二子，亦有點化曾皙處。觀「安見」、「而何」字，可見只爲曾皙原有不足三子而自矜之意，所以如此云云。

顏淵篇

自此以至第五篇，皆答問之教而時雨化，成德達材皆在其中。此篇仁爲之主，故始以顏淵、仲弓而終以曾子，以見聖門之仁者，惟顏、曾爲最，而仲弓次之。爲仁之功，惟三子得其要矣！中間言仁不言仁，無非言仁，細體之，始有得也。

顏淵章

此章是指顏子以明德新民、內聖外王的道理。蓋顏子當三月不違之後，心齋坐忘，墮體默聰，只向內裏做工夫，連視聽言動都忘卻了。夫子教他克己復禮，是實實向事上做工，故不言理而言禮。禮是吾人隨身舉動的，不專是念頭無妄，這是明德的實究竟；天下歸仁，就是新民的實本事。爲仁由己不由人，是新民都在明德內，非有民然後去新、必於民上求新者也。「視聽言動」四句，是教他止勿非禮，不可呆了視聽言動；且教他隨在施行，不可執著在內裏死守。分明是教他修身誠正一齊去做，要活潑這心趣，纔是大學之道。但大學專言學，故說誠正修身；此處專言仁，故言「克己復禮」。「克」、「復」如就平常說，克去私欲，復還天理，豈有三月不違之後還不知這些工夫麼？如說是纔去非禮，豈有博文約禮之人還不知這些非禮麼？究竟起來，原是恐寂寞了此心，與後世禪家同病故耳。此正吾儒之道不同異學之空虛處。

「克復」節，卓爾之見便是顏子的「己」，若眼裏看見是仁，還不是仁，須要將這看見的看不見了纔是。此句就仁之理說，「一日克復」纔說到人上，言誠能如是云云。「天下歸仁」，這「歸」字是「會歸」之歸，如萬民之歸主，如萬水之歸海。謂這仁原是天下人心之同然，只是自有而自失之，所以天下與我相隔了。到得克復之後，是將天地生人之理我獨自得了，我爲天下人心之宗，則萬心歸於一心，萬理歸於一理。即如道原是天下之道，聖人得了則曰聖人之道，是天下之道皆歸於聖人之道；天下爲天下人之天下，自天子得之則曰天子之天下，是天下之人皆歸於天子；仁原是天下之仁，自仁者得之則曰仁者之仁，是天下之仁皆歸於仁者之仁。這是歸仁不是歸仁者。要知名揚天下，天下人知其爲仁，固是歸仁；即不見是圖，天下不知其爲仁，也是歸仁。「爲仁由己」句是咏歎之辭，從「一日克復」句來，猶云一日克復，天下即歸仁焉。如是可見爲仁由己不由人，只是明德到至善處，便是新民的實本事。註不必泥。

「克復」句，要想對顏子的話。朱註說得是凡人事，故重在克己；夫子說的是顏子事，還重在復禮。克己之功，顏子已盡得十分，但尚有己之見在，故還說克己。復禮之功是盛德之至。顏子尚不能活潑，尚未到的，故還重復禮。克己兼誠意正心，到得克時則誠正矣。顏子「三月不違」心意還不曾十分誠正的，故語中不脫「克」字。復禮是修身齊治均平事，顏子內裏雖純，視聽言動還不十分照管，故此章說視聽四者。而「爲邦」之對說出制禮作樂來，曰王佐之才，是就爲邦之問看出。大抵聖人教人須到十分去處方休。顏子幾於聖人矣，尚未到至處，故夫子云云。「克」、「復」二字是現成話，就已克已復時言之，故曰「爲仁」。如曰未克復而纔去克復便是爲仁的工夫，於此辨之未明，故渾說爲仁話頭，切不必泥。

「請目」節：四「勿」字，只是一個「知」字，即所謂「清明在躬」者也。只一心在便了。一鑒當空非禮自無從入便是「勿」，這纔是顏子的地位。若初學工夫，須是要於禮中辨出非禮，非禮中又辨出禮來，加意隄防纔是。又四「勿」字是肆應不悖的道理，看的是方的，卻是圓的。「請事」是實就事上體行，通章「事」字最重。顏子平日只向心上做工夫，在事上打點處卻少。此章是夫子將他引出來做事，故顏子曰「請事斯語」。要知非禮不是惡，凡非當下關切的皆是。

仲弓章

此章總是一「敬」。「出門」者，動察之敬也。凡人靜坐時，好不敬謹，及一應接動用，便自忘卻這心，故必動靜如一而後爲敬也。「使民」者，御下之敬也。凡人事上，好不敬謹，及至接下，便自忽略起來，故必上下如一而後爲敬也。「不欲」、「勿施」，行事之敬也。凡好人存心非不想要公平，及與人，便自不平起來。以此心一時不敬，便忘卻平日心事，故存心必見之行事而後爲敬也。至「在邦無怨」，非敢有好名之心，只是這敬謹之心猶恐不能及人，而隨在體察也。看來顏子、仲弓一向內裏求，故夫子引之以修身行事；諸子多在外面求，故夫子每教之以存心之功，此謂教人必於所短也。仲弓不及顏子處，夫子還教他不要忘了這「己」。觀二「如」字及「不」、「勿」、「在」字，此中皆有己意，顏子之克己則無己矣。「出門」等語，還是教仲弓勉強持禮，未到「復」的地位；顏子之復禮，則自然合之矣。此二子之優劣也。

司馬牛章

司馬牛原不知在仁上做工，故夫子教他說個現成的仁者，說個外面的言訒，教他從流溯源、由外體內，看是從何得來。牛竟不知此意而少之，故語以「爲之難」云云。然爲的卻是甚麼？難的卻是怎樣？牛竟默然而退，不知後來如何做工。夫子與顏子說的是全體，與仲弓說的是實功，與司馬牛只是提頭語，教他自參自證。若他尋見門路，再好與他說向上一層。註「德之一端」，是一條綫頭，須從這頭兒尋，看裏面是怎樣。牛竟只在頭兒上看，故見少之。夫子說「爲之難」，又是籠統語也。只將這頭兒微望開的撥一撥，又教他去尋裏面。

問君子章

「不憂不懼」，只是一仁而已矣。也說的是現成，教他從此尋源。牛亦不知而少之，故有「內省不疚」云云。這也是半截話，教他想不疚如何得來。二章總是指了個門路兒，若裏面前面的好處，須是要自尋自走。二章總重一「內」字，是教他從這外面看見的知道的，究竟那裏面看不見知不到的，所此（註一）謂引而不發也。看他兩章問究，便是多言而躁的氣象。

牛憂章

牛憂亦愛兄之心，非惡兄之意。「敬無失」、「恭有禮」是積誠以動。「四海之內皆兄弟」是無有不化，非舍己之兄弟而結外人也。「敬無失」是存心之無間，「恭有禮」是接物之咸宜。觀此二語，子夏其知仁者矣。

問明章

此章的「明」是至誠無息的，非審幾察理的。凡人審幾察理，有明終有未明；惟至誠無息，則不待審察而自無不明也。如明鏡何嘗去照物，物來自無不照耳，此非安仁者不能。「不行」的「不」字，是決然自然之意。子張問的是外面，夫子答的是裏面；子張問的是要用識，夫子答的是知識之俱無。此就現成說，令他參會如何得來。

子貢問政章

此章若非子貢窮到底，後世幾不知三者之輕重矣。「信」亦仁也，但仁是心裏純然渾然的，「信」是貫入萬應的。「足」字、「信」字都是現成的，所以「足」、所以取信於民是前項事，夫子不曾說出。「之矣」二字統上三項，是竭盡無餘之詞，三項作一句讀。

棘子成章

「質」、「文」者，仁中自然之體用，原是不相離的。「文猶質」二句，只照「質而已矣」與「虎豹之鞟」二句看，見去文存質，則文猶是質、質猶是文，更無兩樣，亦如鞟矣。註不必泥。

哀公問章

此見有若深得夫子之教也。哀公慮的是「用不足」，曰「年饑」者，是無可奈何之詞也。「盍徹」之對，有若慮的是「年之饑」，未及用之不足也，此本論也。

崇德辨惑章

子張問的在事上，夫子說的是存心。「主忠信」固是存心，「義」雖屬事，而「徙」非心之存注不能。「主」與「徙」是一時做的，「主」有先而「徙」非後。「主忠信」是靜而無靜，「徙義」是動而無動。「徙」中有「主」，「義」中有「忠信」。「主」有力而「忠信」無物，「義」有遷而「徙」終不變。「主」、「徙」以心事而分，其實「徙」不離「主」，「主」不離「徙」。「主」離「徙」則「主」是死物，「徙」離「主」則「徙」如無根之蓬，不成個「徙」了。「主忠信」，仁也；「徙義」，智也。「主忠信」，誠正也；「徙義」，格物也。「主忠信」，克己也；「徙義」，復禮也。要知仁是至一的，卻於不一處觀一；止是有定的，卻於無定處觀定。義在禮中，三百三千之咸宜者便是。「愛」、「惡」非「惑」，愛惡之欲是惑。不惑是無欲的，一有欲，便是惑。「生」、「死」甚言其欲之至、惑之甚也，非必如此方是惑。張問辨惑，夫子只言惑，而不言辨，見惑非辨之可去的：終日辨，終日只是惑；到無欲時，則不待辨而自不惑也。

齊景公章

「君臣」等項，便是仁的氣象。

片言章

此章不是美子路，正是進子路處。「折獄」還是「聽訟」，更有「使無訟」的好處，「折獄」何足以臧也。記者深得夫子之意，故以使無訟章次之。

聽訟章

「無訟」則上下俱仁矣。

子張問政章

子張之問，大抵在才足以任之。夫子純說的是心。心者，才之本也。能常存其心，則才自無不能任；惟能常存其心，則又常見其才之不足耳。大抵聖賢爲學爲政都在收放心上。此心不放，則天德王道一以貫之矣。「居」是體，「行」是用。「居之無倦」則靜而無靜，「行之以忠」則動而無動。此意實在其中，夫子特未嘗明言而使子張自悟耳。

君子成人章

此節本諸學問性情，不是粗迹。要知美中有惡，惡中有美，惟君子知之眞，故處之決。「小人反是」不盡是有心要然，也是辨之不眞，常是要成美反成惡了。即如勸人做官豈不是美？若此人爲國爲民建功立業，這是成其美也；若此人蠹國害民，豈不是成惡了。故此節「人」字要認。事一而人不一，則一成便有美惡；人一而事不一，一成也有美惡。夫子渾成說話，學者要參出究竟來。此成不成中非窮神知化者不能盡善。粗論之，就一事有當，也分個君子小人；細論起來，此中稍辨不明，行不當，就是君子中小人了。玩此節「不」字，是決然斷然而無或然之詞，成的也是這樣，此從仁中得來。

康子問政章

這「正」字，夫子說的似不打緊，仔細看來，天地間惟一「正」便了，非仁者孰能皆正而無不正哉！

患盜章

此章「不欲」亦仁也，是以心治心之法。盜起於欲，不欲則不盜矣。

殺無道章

「殺」之一法，聖王不得已之政也。殺一人之身而遂殺千萬人之心，是國人殺之也。此道存乎殺前，如無道以治之，即受殺者死無甘心，而旁觀者豈知所以自悔乎？故君子之爲政也，以善善天下，未有以殺善天下。善者何？善在心不獨在事，故曰：「子欲善而民善矣。」欲善亦仁也。三章皆聖人答問之教。

問達章

「達」者由內達外，因此達彼之意。未有「達」而不「聞」者，但「達」是實行，斷無虛假，「聞」則有實有虛。實者是德行實「達」於彼而聲名洋溢也，此「達」在「聞」前。虛者內無實得而事迹粗有可觀，則亦足以動人而稱述之。聖賢之學，務辨是非。若內裏實實做工而德業不能表著，則所學有本，雖不「達」亦不害其爲「達」；若內無實功而行事偶合乎人，雖名譽彰著而性情之實德已亡，其何自而有進階乎。此聖賢所以深戒也。子張之學非如鄉原之欺人，但求名之心未嘗忘。聖賢恐恐畏人知，名心不化，終不可與入德，故聖人屢以不足之心教之。

夫達節（註二）：「達」、「聞」本是一個，只是有心無心、敬與肆之分耳。「質直」是忠信之姿，「好義」便有徙義之功。「質」便是不好打扮的人，「直」便是不好委曲的人，二者是不做假。「好義」是做眞誠事。「察言觀色」、「慮以下人」，是他一點兢業不敢自是之心，皆仁人之用心也，故「達」。下節與上皆相反，故「聞」。

從游章

「從游舞雩」雖是引頭，此正見聖門學者觸景興懷、隨在用心處。樊遲也是肯究心理道者，但其求功之心太急，急則恐不能持久，故夫子以「先事後得」、「先難後獲」教之。「先事後得」是一個心，「攻其惡，無攻人之惡」是一個工，皆存心也。「一朝之忿」，則心亡矣。此爲仁下手工夫。

問仁知章

此見聖門學者必求信心而後已，道理不以言傳。此心稍信不過，不宜罷手，必十分痛快，然後居不疑而行不礙，何可以苟且終也？「未達」是夫子於色貌間見之，是聖人誨人不倦的本心。「退」非苟安而退，是審問之後又去愼思起來。及思之，終未了然，然後見子夏也。學者細觀此章，則知爲問之方也已。

仁知解（註三）：「仁」、「知」在心原是一理，就其常定常靜處言之則是「仁」，就其常知常覺處言之則是「知」。知覺而不定靜，則此心潰亂，而非知覺之眞；定靜而不知覺，則此心有所，而非定靜之正。知覺定靜渾然在中，此太極之中有陰陽而不露其迹也。及施之於人而有愛有知，即陰陽之現像也。非「仁」則「知」無所用，非「知」則「仁」無所施，此又陰陽之相成，而一物各還一太極也。「仁」在心則屬陰，「仁」在事則屬陽。此章「仁」是陽，而「知」是陰。蓋愛者生機而「知」則殺機也。若在心則「知」陽而「仁」陰，蓋「知」動而「仁」靜也。

問友章

朋友雖貴於信，然友屬情而無恩，「忠告」、「善道」，情已篤矣，故「不可則止」焉。若父子兄弟恩情兼至，雖撻之流血而不敢疾怨也，豈可止乎？見情誼之施各有一定之則，而不可以破義也。

曾子曰章

聖賢必欲得友，非黨同也。蓋陰無陽不生，陽無陰不成。後聖無前聖，則無借鑒之資；前聖無後聖，則爲絕緒之統；一聖無數聖，則無相長之助。故從古聖賢其誦詩讀書與夫講學論文，總是求友，總是輔仁。此章二句，意雖相承，而其語脈原自開說。曰「會友」，見君子非徒博文；曰「輔仁」，見君子非徒廣交。皆爲己之學也、仁人之用心也。「文」兼今文古文，「友」兼今人古人。

子路篇

此篇問政爲主，故始以「先」、「勞」而終以「教民」，見「先」、「勞」即所以爲教也。後半言「直」言「恒」，總是言仁，見仁爲政之本也；言「士」、言「鄉人」之好惡，見處爲出之基也；言「中行」言「君子」，見此即爲政之仁人也。

子路章

此爲政以德之意也。「先」、「勞」是教子路，非泛論帝王，是學時事。若至爲政而後「先」、「勞」，則必有先其所不當先，勞其所不當勞者矣。「無倦」正是仁，若不仁何以能「無倦」？大抵聖人說話，無論一言兩句，便自包括無餘，故曰：「我叩其兩端而竭焉。」

仲弓章

夫子聞弦歌於武城，而曰「割鷄焉用牛刀」，爲季氏宰而告以天下大政，夫子之言豈兩截哉？蓋總爲天下大計也，此意不可不知。「先」、「赦」、「舉」，惟有德之仁者能之。若不仁不智，怎能勾「先」、「赦」、「舉」得來。大凡聖人說話，都有個根本在，學者不可舍本而徒求諸末也。下「所不知」人不舍，只說人自舉薦爲是。

待子章

此章見聖人必行己之道，不從君之欲。後世功名富貴之徒，只圖仕進以顯其才而遂其欲，故不問可否而得時則駕矣。聖人志在行道。政者，道之宣猷也。君臣父子，道之大經，而政之大綱也，故夫子必先正名。此非補偏救弊之術，蓋政所以正人之不正，君自不正而欲正人者鮮矣。子路不此之察而以爲迂，此皆知之不眞，而蹈自欺之弊也，故夫子詳示之而卒不悟。惜夫！聖人毋「必」，曰「必也正名」，見「義之與比」也。惟有義在，則「必正」是「無必」。

稼圃章

舜耕於歷山，伊尹耕於有莘，從古聖賢何曾廢了稼圃？樊遲之請也非丢卻禮義信而專學稼圃也，只是憤世莫用而且爲桑者閑閑之舉，只是多此一請。夫子恐天下後世士君子遭時不遇輒自隱居獨善，這些世道人心卻靠誰人主張？故曰「吾不如」，及出而又深責之。不是樊遲眞學小人之行，只爲所請者小人之事耳。夫子隱心正與「好勇過我」、「斯人之徒與」同意，而有難以告人者。「上好禮」三段，「上」字最重。百藝皆學而士爲貴者，以儒者承帝王之學統而爲王公大人之學也。

誦詩章

此章見學不在多。「誦詩」其一端耳，非專爲誦詩而發也。若中無所得，總徒載五車，亦與目不識丁者等耳。當與「君子多乎哉」參看，以見不德者不可以爲政也。「使四方」亦爲政中事。學無所得，不惟不可以爲政，亦不可爲學。

其身章

「正」即有德，「不正」即無德。有德，則無政令亦政；無德，則有政令亦非政。此聖人重學之意也。

魯衛章

總見無德也。

衛公子章

此章止重「善居室」三字。公子荊其中實無所有，不過是「善居室」之人耳。較之當時世族，爲僅能自守者，非眞有不貪無欲之心也。夫子不沒人善，故亦取之以風世族，此亦春秋之法也。「善居心」之說不必泥。又見公子亦有爲政之責，不能爲政以正國而徒「善居室」，亦小之也。

子適衛章

此章重一「加」字。聖賢之學時習無息，是有加無已的；帝王之治日新又新，也是有加無已的。即如萬年有道，則萬年「庶」、「富」、「教」矣；一日荒淫，則前功盡棄。「庶」、「富」、「教」何日是已時？「加富」、「加教」，豈曰一加遂不復加也耶。章旨不重「衛」，夫子歎的「庶」雖是衛民，其「加」、「庶」兩端不是專說衛民。要想見聖賢爲治之道，於車上之商確見之，作文不必纏擾衛事。

苟有用我章

此章是望世的語，非怨世語。「用」有專心委任意，「可」字、「有」字是一意，皆是聖人謙德。若曰「期月」，即不能有成，而政事亦粗有可觀；「三年」雖不能明教化、興禮樂，而治功亦略有成就。蓋以當時人君以王道無近功，故爲此言耳。

善人章

此章亦是爲政以德意，言政在躬行，不在紀綱法度。善人本無作爲，只是安重持己、率由舊章也，自不賞而勸、不怒而威。以視馳心好大、明作有爲、日事更張而卒亂天下者，其相去不天淵哉？善人本無所爲，而曰「爲邦」，只他率由舊章便是「爲」。可見「爲邦」不在多事，只行所無事便是「善」。爲邦者制禮作樂、修政明刑，原是聖人事。下此者惟善人肯由聖人之制作，而無所事事。彼好事之君臣，以爲一代之興必有一代之制，而變亂古聖人之舊章，使後世不得睹帝王之盛治，可慨矣夫。

如有王者章

此章見當時制作法度盡失三代之舊，即有聖人受命，亦必重新修整，故教化翔洽不可旦夕責效也。此「仁」字只是無所事事之意。君位乎上，臣位乎下，百姓熙皞而不自知是也。

苟正身章

此章專責卿大夫之爲政者。當時列國大權半由私室自行，掣肘其君而欲使下之從令，是曲木而求直影也，故夫子云然。前「其身正」兼君臣說，此言從政則專指臣說，亦見不德者之不可以爲政。正身，則不從政亦有從政之具；不正身，雖從政亦非政也。

冉子章

此章政事公朝私室之分還輕，而爲公爲私之心爲重，所以責冉有使格季氏之非心也。

定公問章

此章重一「幾」字，見爲學爲政總一愼幾也。興喪之基起於幾微，易曰「知幾其神乎」，又曰「君子見幾而作，不俟終日」。一言之出動者，幾也。「爲君難」是善幾也，「知爲君子之難」是知幾也。知幾而謹之，則漸幾於興邦矣。「唯其言而莫予違」是惡幾也，是不知幾也。不知幾而忽之，則漸幾於喪邦矣。「如其善而莫之違」二段重「不善」邊，曰「莫予違」，這便是不善之幾。更有何善？曰「如其善」，特設詞耳。人非至聖，不能無過，堯舜尚爾咨儆，有曰「予違汝弼」，彼有何德而能盡善，使人之莫從違乎。「如其善」二句，正見萬無是理，故緊接「如不善」句。讀者宜細玩白文爲尙。

葉公問政章

此亦爲政以德之意也。「說」、「來」說得甚現成，令他思其所以致此之由。到得「說」、「來」地位，也非放手之時。蓋楚自昭王敗後，遠近人心散亂，故夫子告之「如此」。二句語氣本平，註「近者說而後遠者來」是推深一層，不必添入夫子口中。

子夏問政章

此章「無欲」、「無見」，仁也。「欲」、「見」字是病。政不忌速，期月之可、三年之成，何嘗不速，但不可有欲心耳。王道有始有成，小亦不必忌，但見之爲利則不可。此「小利」不要說向富強去。聖門五尺童子羞稱五伯，子夏賢者決不爲此，但其規模狹隘，故夫子云然。此即天下大政，非專爲莒父而言也。

葉公語章

此章是辨「直」。葉公無甚輕重，不過自誇其政教之及人耳。蓋道理原自有眞，世人卻錯認許多，不止葉公爲然。夫子向來說「以直報怨」，說「人之生也直」，並不曾說出究竟，到此方說父子相隱。隱似不直，但宜於父子耳。可見直不是死煞的，此中有經有權，要必中正合宜方是。即如走路，不必東西南北爲直，要到這地方，即從四偶走來也是直，即向東又轉北來也是直，但不要錯了路，務要到這地方。總之，直者理之是而已矣，此直之用也；人之生也直，直之體也。

樊遲問仁章

「恭」、「敬」、「忠」只是一心，用之此而此名，用之彼而彼名。「居處」四項倒是實際。只爲此心莫處著，故因時變化而此心隨在都有，這正是無時無處而不用其心也。然此中有省察存養的實功，不是輕易。胡氏以爲「樊遲問仁」此最先，愚以爲「愛人」最先，「先難」次之，此最後。蓋「愛人」不曾說如何用功，「先難」雖說功亦不曾實指出甚的，惟此章說得親切。可見樊遲用功漸近，故夫子告之漸切。然只一心常在便了，即「素位而行，不願乎其外」之意也。

子貢問士章

此章「士」總說的是成品，序此於樊遲問仁之後，以章內各節俱有「仁」字在內。「有恥」是行之盡善，百行一無可恥也。此中智足以知之，仁足以守之，勇足以強之，義足以變通之，方始「有恥」。「有」是競業時習的心事，是未事時豫先有的，故能受命不辱也。如曰志有所不爲，這還不是大成的學問，未必能才足以有爲也。通章總重「德」不重「才」。次節「孝」、「弟」之稱，是誠中形外之驗，亦是在仁上打點者。三節「必信」、「必果」亦是眼裏看著些道理，決然守此不移，但未得通變耳。此「小人」即「小人儒」，也是聖賢路上人，不可看輕。末節「今之從政者」豈無良材？但不知道理，不在仁上用功，故不足算。此章提醒子貢處，正欲向內裏求也。

中行章

「中行」是走正路的人，是學之純正者，即好仁惡不仁之人也。「狂」、「狷」是天性誠實、不失本眞者。狂者獨知聖賢是好的，狷者確見庸愚是不好的，所以進取不爲，這是純任本性，再不東奔西走。若一遇明人指路，自然正直走去，進於中行地位，故夫子思之。思狂又思狷，是寬其入德之途。曰「必也」，是嚴其眞僞之防。

南人章

此心常在便是「恒」，一有放失便「無恒」。其所以放失之故，只不常自省察故耳。故此章重一「占」字。占者，省察之謂也。序此於「狂狷」之後，見「狂狷」亦只是不占；若反而占之，自然此心「恒」在，自然進於「中行」了。

和同章

「和」、「同」之辨，只在有心無心之間耳。君子一仁而已矣，何嘗有「和」的心事？故自然「和而不同」。小人慕「和」之爲美，有心要「和」，故即便是「同」了。序此於「有恒」之後，所以辨鄉原也。君子小人兼有位無位，鄉原亦兼有位無位，不止是鄉人已也。

鄉人好惡章

鄉黨是根本之地，君子修身立德必於此始，故聖門師弟衡論人品，卻自鄉人說起。蓋鄉人雖愚，其好惡之性與賢士君子同。君子居鄉，甚不可淺薄鄉人而不於此加修省也。要知鄉黨是久居之地，人即善飾也不能欺得多時，人即有隱德也莫個埋沒終身的道理。故鄉評卻是定評，但顧其好惡之人何如耳。序此於「和同」之後，所以辨無位之鄉原也。

事說章

夫子每將君子小人對舉，只恐世人不知辨別，故每於待人接物間示出榜樣，令人易見耳。若是聖人觀人，只一見便自了然，不必如此細分。序此於「好惡」之後，所以辨有位之鄉原也。

泰驕章

君子之泰，卻是兢業的，是常仁常知的，故自舒泰坦蕩。小人外面雖恭，其心卻無忌憚，故常放肆驕矜耳。序此於「和同」、「好惡」、「事說」之後，說出君子小人的根原，見鄉原之不能襲中行也。

近仁章

「剛」、「毅」狂屬，「木」、「訥」狷屬，四者本心貞定，無多嗜慾，故「近仁」。但不知省察之功，故但言「近」耳。若反而省察之，則仁矣。

可謂士章

「切偲」、「怡怡」，是變化氣質的學問，是養成後氣象如此。須想他裏面是甚光景。夫子正教子路從外面參會裏面方得。可惜子路一生不能變化氣質，只是少那裏面工夫耳。

善人教民章

此見勇在仁中。勇生於仁則爲義勇，爲大勇，故曰「仁者必有勇」，故曰「善人教民七年，亦可以即戎矣」。

不教民章

此章連類而及之，見善教之必不可無，亦以應首章「先勞」之意，以見教化爲爲政之本也。

問恥篇

此篇由問仁篇而下之，見世無仁人，不得中行而與之也。原憲狷者，竟以問恥，強制四情終身，則有所不爲者亦竟不能有爲，又何望於他人也耶。故篇內或及霸者君臣，或及列國名卿，或及泉石高隱，見皆非仁者，行藏皆非中行正道；及論德論行論學問論成德，皆記感慨語氣，見當世之無其人也。其中亂臣弒君、異端賊世，如陳恒、原壤其人，皆以大經不正，故篡逆並起、邪說誣民，夫子不得不討之杖之，以爲反經撥亂之舉。及見童子失其初心，則有恒者亦不可得見，故以闕黨終篇焉。

憲問章

此章只一不能有爲足矣。不能有爲，不惟「穀」可恥，即不「穀」亦可恥。原憲狷介，雖有所不爲，而竟不能有爲，則夫子思狷之心徒然，故言「穀」以警之。

克伐章

此章「難」字，不是「仁者先難」之「難」，只說強制欲情爲難。四者不行，絕非爲仁工夫。爲仁工夫只一知止便了，是一個心事，並無別念夾雜。若禁著這般，又禁那般，是先分了心志，豈所謂純一不雜者耶？故曰「仁則吾不知也」。前章責憲不能有爲，此不行四者，似若有爲，不知爲的不得正路便是無爲。

懷居章

序此於憲問之後，見徒「穀」之恥與「懷居」者等耳。

邦有道章

序此於憲問之後，見隨時處中，非仁者不能，此所謂有爲者也。

有德章

序此於「言行」之後，見言行之善，非有得於中不能善施於外。「有德者」是眞知，惟有得於中，故言之親切而無過不及之失也，還就偏得說。「有言者」是推測之知，能言而不能行，故不必有德。仁者就全德說，此心常存而不放，則義之所在自所必爲，故必有勇。若「勇者」或一時之浩氣，亦爲君子所深取，而不必其爲心存而不放之功也。大抵聖人論人都向裏面說，不襲取於外也。

南宮适章

序此於有德者之後，見南宮适之有言而亦未至於有德也，故但曰「尙德」而已矣。君子亦止就尙德處美之，非云成德之人也。

君子不仁章

君子心常在，一有不在便非仁。小人不知檢心，決無或在之理。序此於「德仁」之後，見仁（註四）在心德，不在事功，至易而實至難也。

愛忠章

愛忠之心近仁，故序於此。

爲命章

此章言四子，見鄭之賴以不亡也。言「爲命」，譏四子不能有爲也。以四子之才而徒以「爲命」，爲保國之計，以其中之未仁也。若仁者則一人可以興周，況四子不能爲保鄭計哉？

或問章

此章皆有不足之意，皆非許詞，以其中之未仁也。

貧富章

此章「難易」只就常人說，若仁人則何難易之有？

公綽章

此見不欲之非仁也。公綽不欲而不可爲小國大夫，亦以未仁也。

成人章

此見成人之難，惟仁者能之。如其不仁，雖名賢若若皆不得與於斯也。子路問成人，原以證己之造詣，亦有成人自命的意在。夫子說此四子，皆與子路爭差不多，必兼此四子之長，而又「文之以禮樂」，亦猶是僅可而未足者，可見子路到成人去處尚差的遠著。「知」、

「廉」、「勇」、「藝」不可講的太好，只就四子描寫便了。觀章內「若」字，可見只說照這等才德卻得三四個，而又「文之以禮樂」纔僅可也。這番話將子路一片熱腸竟抹煞的冰冷，夫子恐阻其進步，故又言「今之成人」一段。雖是許詞，然卻兩兩比並，覺下段的人甚是淺近。子路是勇行的人，必不安此而不求進於彼也。此正是激勵語。

子問公叔章

此章「時」、「樂」、「義」非仁者不能，故夫子不敢遽許之。

武仲章

序此以見武仲之知非由仁，實不得為知也。

桓文章

「正」字不宜講得太好，但就兩公論優劣耳。以下三章序五霸之假仁，皆非仁也。

管仲二章

以下二章皆非許其仁，只多其功耳。若以仁論，則召忽之死尚不可謂仁，況仲不死乎？

公叔文子章

此夫子揚人之善而不過其實也。序此於管仲之後，見春秋之世無仁者，列國名卿皆襲爲國薦賢之名，而非出於至誠無私之實，文子之文豈所謂純一不已者乎？況僎之行事不見於經史，想亦小有才者，豈如韓子所謂「得一士而可王」也耶？近世多極力稱贊，其亦未思春秋之微旨也夫。

衛靈公章

此見霸政之餘，列國諸侯皆襲知人善任之名，而不思以道致治之實，不獨衛之靈公爲然也。

其言章

此章重一「爲」字。「言之不怍」只是不曾實爲其事，不知其中難處，故其言輕易而知其不能有爲也。序此於「霸者」與「靈公」之後，見春秋君臣皆以僞詞相尙，而未嘗有心德躬行之實，此仁道所以亡也。

陳成子章

此霸者假仁之流弊也。

子路問事君章

序此於「弑君」之後，見禍亂至此而極，非至誠無欺不足以正之，亦天理人彝之不容滅也。

上達章

上達之心本下，下達之心反上。序此於事君之後，見君臣之道不明，以學術之不得其眞也。以下至先覺，皆序爲仁之學，以見眞學之久廢也。

爲己章

「爲己」之心甚兢業，即上達心事；「爲人」之心甚畔援，歆羡而甚矜張，即下達心事。

蘧伯玉章

「寡過未能」，正「上達爲己」之心學。伯玉未必能此，而使者之言適中，故夫子但重許使者耳。

不出位章

此所謂「知止」也。孔子之「仁」、大學之「誠正」、子思之「誠明」、孟子之「不動心」，皆是物也。此心常知而不動，則止艮之義也。曾子取之，蓋與心相會也。此即念茲在茲之意。凡人有思，便將此心役去；君子有思而卻無思，故曰「思不出其位」。這便是素位而行不願乎外之本體也。序此於「寡過未能」之後，此正「寡過未能」之成德也。

恥言章

此與訥言敏行相類而精神更迫切。序此於思不出位之後，見「恥」、「過」皆屬自然，是成德後事，非方用其力也。

君子道者章

下三「者」字與「道者」「者」相應，此就成德後說。「道」是走到的路。序此於寡過三章之後，以見聖賢總一寡過未能之心也。

方人章

方人者，只是不曾見著「我」。此「我」字非眞夫子自指，實點出子貢的眞我。序此於「我無能」之後，見以上上達以至「我無能」的心事，皆在「我」上用功也。

患不能章

「患不知人」說的是知，此處說的是行。究之行的就是知的，知處就是行處。序此於我不暇之後，見聖賢之學惟求其在我者而已。

先覺章

「覺」不是覺得「詐」、「不信」，是此心常自惺惺、明誠合一處。這鏡子懸得停當，專等著那物兒照的。彼身未入門，影子已到鏡子裏面，何處去逃？何用逐物尋見？序此於患不能之後，見以前至上達章之學，皆是先覺的功能。

疾固章

序此於先覺之次，見先覺之學是八面玲瓏的，非執固有所的。彼釋、老亦言先覺，只是固而不通耳。

驥章

序此於先覺、疾固之後，見驥之德亦有常知常覺之體。不特驥然，彼麟、鳳、龍、龜爲四靈，亦以其有常知常覺之體耳。故禽獸之中有君子，而人之中率多禽獸焉。

報怨章

序此於先覺之後，見「直」非臨事之謀，而爲先覺之體耳。

莫我知章

此章「我」字就是「萬物皆備於我」之「我」，是凡人共有者。這「知」字就是「知止」的「知」字。人皆不在我中求知，而紛紛妄解、日事推測，因此喪了明德，故子曰「莫我知也夫」，與「知德者鮮」同意。答中「下學」、「上達」，正是知的眞工夫，「天」正是「知」的眞主宰。只因子貢「何莫知」的一問，淺學者都跟「知夫子」去解此千古疑案。序此於先覺、「以直」之後，見先覺之體即所謂「我知」者也。「不怨天」二句，只是不求人。「下學」只是求諸己。「下」便是「學」，即兢業之心體也，非有一種下的道理而去學也。「上達」即「君子上達」之「達」，彼君子之上達亦只是下學耳。「知我其天」，作天說亦得，作人說亦得。彼天行健，天之知我也；君子自強不息，君子之知我也。知我者惟天，人之我知者亦天耳。

公伯寮愬子路章

序此於我知之後，見用舍無與於己，行藏安於所遇。此聖人居易俟命之學，即「我知」之體也。我常知即命之本體，非聽之天數也。

辟世四章

聖賢之學，此心少有芥蒂便非我知。知命之體，故依中庸，遁世不見知而不悔也。辟世之士未免有悔心，未免有芥蒂，故爲聖人所不許，而曰「果哉！莫之難矣」。序此於夫子「安命」之後，見辟世者爲其易，而夫子爲其難也。

高宗章

此章重知人。若無知人之哲，則三年重任未必無篡逆之禍。序此於此篇，見學治總屬一體，知人之哲，非我知者不能也。

上好禮章（註五）

序此於我知之後，以「好」字中三千三百有物格知至之功，非外面空設禮文也。

修己章

序此於我知之後，見此篇一節深似一節。言「先覺」則統前章「上達」、「爲己」以至「患其不能」，皆歸於此。曰「我知」，又將「先覺」發揮甚明。此章曰「敬」，又將「我知」說得痛切。敬者知之功也，不敬何以能知？知者敬之體也，不知何以云敬？「修己」之功即格物之學也。「以敬」之功即誠正之體也，學者宜深體之。

原壤章

此不敬之流弊也。「幼而不孫弟」是無下學之心，「長而無述」是無上達之功，「老而不死」非恨惡之辭，以彼原有不死之術耳。「賊」兼「幼」、「長」、「老」，非專頂「老不死」也。毒過蠆蛇，惡勝跖盜，故曰「賊」。

闕黨章

此見童子失其初心，亦不知之流弊也。憲狷介不能有爲，以其無「敬」與「我知」「先覺」之功耳。不敬之流弊，不至異端之蜂起、人皆喪其初心不止，故以原壤、闕黨童子始終相應。學術關乎世道人心，此孔孟所以致嚴於此也。

衛靈公篇

此篇由「子路問政」而下之，以見國君之不能有爲，而道之不行於天下也。故歷序談道之言、傳心之論，以垂教於萬世也。篇末應以師冕，見衛靈無道，惛然不能知人，如瞽師然。而其驕傲自恣不納善言，反不如瞽師之可相也。

衛靈公章

不問政而問陳，此強國之計而實弱國之源也。不對而退，不可與言而不言也。「明日遂行」，可以速而速也。此章非記夫子之窮，而實世道之窮也。君子不求通，其窮乃固然耳，然而其心則常通也。小人必求通，即通亦倖然耳，然而其心則常窮也。

一貫章

此夫子現身說法也。子貢平日也知在夫子身上求，只是認的錯了，被夫子一點卻忙然自失，故有「然」與「非與」之對。夫子說出「一貫」，亦不應而退，料亦終不悟也。惜夫！「多」字與「一」字對，「識」字與「貫」字對，如陰陽聚散之相反。「一」字就是知，常知則常一。序此於「去衛適陳」之後，見衰亂之極非大道不足以救之，乃瞑眩之藥也。然一貫之中亦隱有夫子非末學軍旅之意。

知德章

「知」便是「德」，非有一德在念而去知之也。此即所謂仁智也。序此於一貫之後，見「一貫」只是「知德」，德惟一常知而已。

無爲章

此章當與爲政以德章參看，本是有爲，卻眞無爲。言舜而二帝皆然，不必泥「紹堯任人」之說也。「恭己正南面」是外面如此，裏面卻是知德。曰「而已矣」，見帝王之治與儒者同學，故序此於知德之次也。

問行章

子張問的是外面，夫子說的是裏面。「忠信」、「篤敬」、「參前」、「倚衡」即知德之意、格物致知之功也。「忠信」、「篤敬」是常的，「言」、「行」、「立」、「在輿」是暫的。惟無暫不有則常有矣。只恐子張重「言」、「行」而輕視「忠信」、「篤敬」，故說「立」與「在輿」一段，與問仁章答意同。二「則」字是忠信篤敬之純處，惟純然後行。

直哉章

二大夫近於知德，而衛不能用也。此衛之所以削弱也。

可與言章

此章重「知者」。「知」是仁之知覺，常知常覺則自無失，不然則頭頭是過矣。序此於靈公之篇，正以不答問陳之故，爲不可與言者也。

志士章

「有」、「無」二字是決然之詞，這是因心斷事，不必當事而後信也。志士之志既定，也是仁的種子，只是不知在此心上做工，故止爲志士；仁人則志之既成而心德之全也。序此於「不答問陳」之篇，以見志士仁人之不屈如此，而況聖人乎。

子貢問爲章

此見仁道惟在一敬。「子貢問爲仁」，夫子不曾說仁是怎樣，又不說爲仁是怎樣，只說一個事賢友仁。大凡人遇不若己者便生輕慢之心，這慢心就是放心，便非仁；遇勝己之人便生敬畏之心，這敬心就是存心，便是仁。說「居是邦」，見隨在皆當用敬，則無地無時非仁矣。亦有重行之意，只就賢者仁者身上體察他的行事，便是無行不與的樣子，便是爲仁的實工夫。

顏淵問爲邦章

此示以無爲之治也。大凡爲治之道，只一修己便了。己身一修到得仁知地位，則禮樂法度原自停停當當，只一斟酌損益便了，何用擾擾多事爲哉？顏子不違仁，故夫子告之以此，亦行所無事之意也。若後世非不參酌前代，而治法日以紛更，非其法之不善，以中無主宰，上下俱襲名而爲之，故治法日紛而天下愈亂也。

遠慮章

遠慮是無慮之慮，即所謂仁也、智也、定靜安也。敕幾安止，故能疏通知遠而無顛躓之虞也。故曰「凡事豫則立」，「貽厥孫，謀以燕翼子也」。如曰謀慮之善，則秦皇築城銷金而胡亥二世亡國，漢高誅戮功臣而呂后蕭牆起亂，豈慮之不遠哉？以不知所以遠慮之道也。

好德章

此章只一「誠」字。序此於遠慮之後，以至誠爲遠慮之道也。

竊位章

此責其不仁也。序此於好德之後，正以不好德之故也。

躬自厚章

此章見反將來便是聖賢，中有仁、知意在。若無仁、知，雖欲厚自刻責，一動念則流於刻薄而不自覺也。

如之何章

此勉人奮發有爲，是心性自反之功，非向事上說也。

群居章

此見不仁之人以苦爲樂，故入於陷阱而不自知也。章內「難」字非止難以施教，見此等之人，其中苦難更甚困厄窮促之人也。

義以爲質章

此章「義」、「禮」、「孫」、「信」不得偏爲輕重，是離一不得的，故曰成德之君子。夫子平日言君子之「義」，其中亦有「禮」、「孫」、「信」在內，但未說出，至此始詳言之。然此中還有仁智爲主，仁在末事之先，智在「義」、「禮」、「孫」、「信」之內。近多作精義之學，重講「義」字，是末思「義」之先後內外，而襲其名論之也。

病無能章

「病」字只是一片兢業心事，內重自然外輕，故不病人之不己知也。此「君子」即前章的「君子」，到得義精仁熟還自兢業不已，非方爲學之君子也。

疾沒世章

此正病其無能也。

求己章

求諸己，即「病無能」之實功也。

矜群章

矜由敬心生，故不爭；群由和心生，故不黨。

舉人章

知人知言，非義精仁熟不能。以上都是一個君子，都是一個心事，但時措之咸宜耳。

行恕章

這「恕」中有敬有忠，總要常知常覺。人之不恕非有心要如此，只是此心放失已久，將這好歹都不自知，故做出利己損人事來。惟能兢兢業業，常知常覺，方能行恕。不然則說時都是恁說，到行時又從那邊去了。

吾之於人章

此即仁者之好惡也直，是無心的，是樂的、中的、敬的。是非皆如乎人，美刺無與於己，此直道而行也。

吾猶及章

近世非無其事，特不如先時之眞誠耳。

亂德章

若中有主則自不亂矣，是以君子之貴知止也。

衆惡章

知人總由自哲，好惡皆不徇人，此非先覺者不能。

弘道章

弘道之功，經綸參贊其末，而敉幾安止其本也。弘道實所以弘人，人本自弘，惟全其本體斯已耳！

過而章

改過正弘道之實功。聖賢之學只求無過而已。無過便是德，無過便是功。故千聖相傳，只是兢業執中便了。人能改過自新，日新不已，則至於道全德備之君子不難矣。

不如章

思而不學，如「匪行邁謀」，是用不得於道也。學者何？即下「知及」、「仁守」之功也。

謀道章

要不謀食，只是謀道便了；要不憂貧，只是憂道便了。內重自然外輕，非一心治理、一心又制欲也。然謀道之心卻是何思何慮的，憂道之心卻是不憂不懼的。

知及章

此大學之道，明德、新民、止至善之功，見不可得半而止也。「知及」即知至，「仁守」即知止有定，「莊涖」乃修身之效。「動之以禮」，則齊治平之功也。知居仁之始終，仁知是到底不離的，但分生熟安勉耳。

大受章

君子即知仁之大學者，故「可大受」；小人無大學之功，故但「可小知」耳。

民之於仁章

通篇無章無仁的意，到此方點明耳。仁是生的道理，豈有蹈而死之理也。

當仁章

仁是自足於己、無爭於人的，何讓之有。

君子貞章

仁守即貞，貞即當仁之功也。

事君敬章

敬事後食，非仁者不能。

有教章

仁無彼此之分，教欲率天下而仁之也。何「類」之有？

道不同章

道本同也，惟違仁則不同耳。

辭達章

修辭者必至放心，故但得其達而已矣。

師冕見章

此見無處無道，惟聖仁者能隨地而盡耳；亦見無人不可相，惟能聽受者爲有益耳。如衛靈之問陳，雖欲相之，其何從乎？

伐顓臾篇

自衛靈至陽貨三篇，國君不能爲政，而大夫專僭、陪臣執命，禍亂至此亦已極矣。而篇內多論聖賢大學之道，蓋以治術日偷由於學術之不正，故記者歷序聖人談道之言，以治其本，清其源，而爲天下後世計，至深遠也。其言雖若散亂，而其意實相承藉，讀者宜深味之。

伐顓臾章

此見政逮於大夫也。責由、求者，責其不知大學之道也。

天下有道章

此因季氏僭竊，而追思聖明之治也。有道者「皇自敬德」，而「惟動丕應傒志」也。

祿之去公室章

此亦因季氏僭竊，而論陪臣執命之由也。

三友章

此論知人之學也。序此於「季氏」之次，以見君相之不知人也。「益者」，我未必得益，然有益之道在，終是有益而無損；「損者」，未必有損於我，然有損之機在，終是有損而無益，是以君子貴擇友也。「見賢思齊，見不賢而自省」，則隨在皆有益矣，即不然而日接高賢，不比匪類，雖我無憤發有爲之志，亦不至於大爲奸慝矣。以此推之，凡天地間事，須做有益的爲是。

三樂章

此論治情之學也。無所樂無所不樂方是成德，惟聖者能之。下此一等，即賢者亦不免有偏。序此於三友之後，以無知人之哲由於情之不得其正也。

三愆章

此應事接物之學也。序此與三友、三樂之後，見不能知人正情，則動靜云爲無往而不自失也。以上三章是末是用，以下四章是本是體；然必有畏戒知思之功，然後能取友用情與應事接物也。

三戒章

以下三章，三「有」字皆得手後事。「有三戒」，是常知常覺之體。不戒而自戒，非方用其力也，此正是庸德。見君子非高遠是務，亦只有在常人身上用功，這就是變化氣質的實學。

三畏章

此定靜安之象、戒懼愼獨之體，須臾之不離者也。「三畏」只狀得一「敬」字，非眞有三者在念也。次節「知」字是通章的關鍵，非推測之知，是本體如此。常知便是天命，非另有天命在念而知之也。若作知識看，此小人該得甚廣，其中亦有識見高明知到這去處的，但考索如此，自己不曾到誠明地位。故雖知，終屬不知。

知章

此「知」字即上章「知命」之「知」，是心知，是眞知，是本體，不是見得那道理而去爲之也。

九思章

此格物知至之功、定靜安慮之驗也，是八面玲瓏、內外澄徹的，即君子之躬行、大學之修身、中庸之率性、孟子之踐形也。此之謂心在，此之謂「清明在躬」。聖賢工夫，莫此爲明盡簡易。學者宜細體之。

見善章

以上數章論其功，此章實其人。「見善」一節，是見得到尚未做得到的，故易；次節是盡得上章體用本末之人，是成德後事，故難。

景公章

此見富貴不離其身也。盡其道而死者，貧賤亦富貴也；不盡其道而死者，富貴亦貧賤也。聖凡之界、死生之關、智愚之分耳，富貴貧賤何與焉？

異聞章

學詩學禮，非誦讀之謂，而身體力行之功也。序此於季氏篇次，見家庭有傳心，父子何必非唐虞；朝廷無治道，君臣竟爾爲寇讎。大學之道，其所係顧不重哉！

邦君之妻章

序此於篇末，見季氏專僭，名分之不正甚矣。故正名定分以維之耳。

陽貨篇

自衛靈至此，大夫專政，陪臣執命；而聖人依然從容自得，教學自若，非特搏挽氣運，而亦見至誠無息之功用也。

陽貨章

此見聖人之危行言孫也。

性習章

序此於陽貨之後，見貨之不善，由於習之相遠也。

不移章

此見習之相遠，非其性之可移也。

子之武城章

「莞爾一笑」，喜中有感慨之意。「前言爲戲」，感慨中仍深教化之思。序此於「習遠」之後，以見習之善由於學之正也。

公山弗擾章

公山亦陪臣而效尤者也。序此於武城之後，見前章之戲笑亦爲東周之意也。

子張問仁章

此章重一「行」字。子張平日問達問行，今之問仁，志在行仁。曰「行」，是夫子順他教去；曰「能行」，見行不在外而在心。說「五者」是無事不然；說「天下」，是無處不然；說「能」，是無時不然。這是行仁的實際，非易易耳。「恭」、「寬」等項是「五者」，「不侮」等項是「能行於天下」，必至此方爲「能行」，非行於天下之後又有此等效驗。此若教他觀人，實是教他觀我，與仲弓言「在邦家無怨」同意。序此於「公山畔費」之後，見移風易習非仁者不能。

佛肸章

此見周於德者，邪世不能亂也。磨不磷的纔是堅，涅不緇的方是白。世無不磷不緇之物，亦無入邪不浼之人，超出這景界的惟是聖人。

六蔽章

此見學以開其蔽而已。蔽者，不知之謂也。夫子誨子路以「知之」，又曰「知德者鮮」，總以啓其蔽也。而子路卒不悟，故言此「六蔽」以明示之。然開蔽之功總在「好學」，學的卻是甚麼，夫子並未說出，學者不可當做博覽文籍看去。學正學其知，即大學之「明德」是也。常知則無蔽，而「六德」俱爲我有矣，此聖人之秘旨也，須靜驗之。序此於公山、佛肸之後，以見子路止夫子之往，正其蔽之過也。

學詩章

「興」、「觀」等項，俱說詩的本領，未及學的功效。只講得本領甚大，則「何莫學」三字之意自然透出，何必葛藤？以下至禮云三章，記者之意從上章「好學」來，以見學爲興立成之功也。

子謂伯魚章

能「爲」方始是學。「爲」是照樣去做，不是誦讀講究。他書言仁言義，卻未指出實事，二南將修身齊家道理一一指驗明白，照此做去，自是不差，故子曰「爲之」云云。「正牆面而立」，是無出頭門戶。大學次第必由身及家，由家及國。不能修身齊家，是無門戶出身，何由及於國與天下哉？

禮云章

此與觚不觚章同意。

色厲章

此警色莊者之失也。色莊者非不自以爲君子，不知一念之失不惟不爲君子，亦且爲小人之尤者矣。可見世上人寧爲眞小人，毋爲假君子。序此於「禮樂」之後，見禮樂非浮襲之文，而爲中孚之誠也。

鄉原章

鄉原亦色厲之類也。

道聽章

此非色厲一流，倒是中有所得者。只是偶有見解，不自沉潛體行，便自矜張起來，則終不能入德矣，故曰「德之棄也」。

鄙夫章

此見苟圖富貴便是鄙夫。此等人非爲事君，只爲榮身，故不可與事君也。「不可與」，有貪人敗類意在。序此於道聽之後，見不知修德必至爲鄙夫，義利兩途間不容髮，學者可不謹哉！

三疾章

有疾不妨，但恐諱疾而忌醫，則自滅其身而不知矣。下節「蕩」、「忿戾」等，便是諱疾忌醫者流。「狂」、「矜」雖是好一邊，然不得中行便是疾。後世只因有人稱道本質之眞，故又添一番妝餙，卻失了本來面目。「愚」是本等不好的，他知這個不好，便粉餙起來也，愈失其眞，而愚益甚矣。序此於鄙夫之後，見失其本性而爲習所移者，皆鄙夫也。

惡紫章

此見邪說若不害正，聖人何必惡之。序此於三疾之後，見惡似而非，皆以失其本眞也。

欲無言章

序此於「惡似」之後，見學術之非，皆聽言者之失其眞耳。不得其精意，而徒襲其糟粕；不體諸身心，而浮慕其言論。此世風之所以日下，而聖道之失其傳也。「欲無言」是聖人的實心，有感慨之意，見與其言而惑人之聽，不若不言之無行不與也。「四時」、「百物」，身天地之身而心天地之心，故「行」、「生」不言而自喻也。聖人之教都在學者身心上，特未反而求之耳。

孺悲章

「不見」是不屑之誨，「使聞」是不絕之意。此聖人不爲已甚之教也。

宰我問喪章

此章重「安」字、「仁」字，見聖人之教，皆使人無失其心之所安，至於仁而已矣。

飽食章

此章「用心」即爲仁之功。凡人之用心便是放心，聖賢之學只存心，心在便是用心。博弈者倒是專一的心，與用心相近，故曰「爲之，猶賢乎已」。序此於「予不仁」之後，見仁者惟常用心而已。宰予不知用心之功，故流於不仁而不自知也。

尚勇章

「仁」、「知」、「勇」的「勇」字是體，此處「勇」字與「仁者必有勇」的「勇」字是用。言義而仁知在其中，若非仁知，則見義而茫然，何能有勇？夫子教子路，一生在在皆有「知」的意思。子路一生終是負氣，只是中無眞知耳。

有惡章

此見聖賢有惡而無惡。凡人之惡是惡人，算不得公眞；聖賢之惡是惡惡，心無留念，方是眞惡。子貢雖未到無留念去處，然亦是公心，非私惡也。

難養章

此章難處不在「女子」、「小人」，只遠近之間最難斟酌。若我能不失之遠、不失之近，何難之有？欲不失之遠近，非至仁至智者不能。序此於陽貨篇末，正以陽貨等爲此等小人也。

年四十章

此見人爲君子之日甚長，人當及時自勉也。上論「四十」、「五十」說得甚緊，見後生未幾而忽然老大，不可以其少而優游也。此章年四十，見自幼至弱、自弱至壯、自壯至強，三十年來時日甚多，直到這時方爲無用。若從前肯自用力，雖下愚亦可優游入聖，況人未必皆下愚者乎？序此於「小人」之後，見彼等是自棄其時日也。

辨解：衛武耄年好學，卒成睿聖，四十以後豈眞無用之年哉？是在人之能自奮耳。

微子篇

此見聖道之不行，爲世道之不幸也。殷不用「三仁」而亡，周有「八士」而興，春秋不用孔子而國日衰。道之窮通實關世運之否泰，與聖人何加損焉？柳下惠三黜只點得一個「直」字，見夫子之去留皆不動心之直，而非悵然如無所之也。

微子章

曰「殷有三」，見非無人也；曰「仁」，見非小賢也。此中有愛惜二意。

柳下惠章

聖人不以進退爲榮辱，故「三黜」而不去。聖人之直在心不在事，不假主張思維便是直，「用則行，舍則藏」便是直。序此於此篇，正以表夫子直道而行也。

齊景公章

前章惠之不去是直，自此以下孔子之行亦是直。「不能用」是通篇主意。以下數章，總是記者慨當時不能用孔子之意。

楚狂章

此欲裁狂於中行，重「孔子下，欲與之言」。蓋固隱非中行之道。楚狂知孔子，孔子聞其歌亦知楚狂。記「不得與之言」，非爲孔子惜，是惜楚狂意。若得與言，未必不進於中行。

長沮章

此章總是以道易天下之意。末節「憮然」非傷己之不用，卻爲沮、溺高隱賢士淪落，斯人無所依賴而發悲也。此哀之中節處，非動心而不直也。

子路從章

末節「義」字內有仕止久速適當其可之意。

逸民章

要知此等人俱是有眞樂的。「逸」者，超逸安逸之意，如灑如落無入而不自得也，然卻時時是醒的。觀二「不」字、四「中」字，可見以下數人俱不在事迹上論，皆是心內有主張的，皆是合道的，但少有形骸耳。

「不降」、「不辱」的「不」字，是決斷之意，是自然，不是勉然。「降志辱身」非自卑屈也，只是迹之似耳。「隱居放言」非寄傲山水放蕩不節者流。「中清」見非固隱，「中權」

見非偏執。以上四「中」字如「中的」之「中」，是百發百中的。這手眼俱是熟的，恰似有意卻出無意。

孔子則物我同天，形骸俱化，無可不可，卻是皆當其可，但無意耳。

太師章

從「孔子行」來，見仁賢俱去，則國空虛。

周公謂章

仁賢之去，至太師章極矣，故繼以「周公謂魯公」而傷今思古也。

周有章

「周有」與「殷有」相應，曰「有八士」，見不特「四友」、「十亂」，大德大才者無所遺，即偏長之材亦所必錄。

子張篇

此篇序聖教之所成，而諸賢學力之所至也。以「夫子不可及」終篇，見諸賢各有所得，而聖人渾化難名也。

士章

此論士之行也，未免爲外見之迹耳。終不若行己有恥、切偲怡如之渾而全也。

執德章

此亦就行說。「執德不弘」，以行事不能通達耳；「信道不篤」，以不敢見之施行耳。終有外意。

問交章

「可者與」、「不可者拒」，此中決然無累，便是子夏的賢處；若常人則不便脫然，然終是謹守的氣象。「尊賢」二語，規模甚是宏大，且不爲不賢所移，亦是子張的賢處；若常人則濫交而污其身矣。此中有意廣的氣象。

小道章

「小道」只是農圃醫卜之屬，未說到異端上。

好學章

此學問思辨之功也。上論「無求」章是篤行之功，淺深不同耳。

仁在中章

此亦學問思辨之功，是近仁者。

致道章

此論建學之由。言百工設肆所以勸其專也，君子設學亦以專其業也，如此說方順應。

文過章

君子之心是常警惺的，有過便知，便自刻責起來。小人之心是常昏的，有過本不自知，若人一責必然就要改餙，此小人之所以日下也。

三變章

人若見爲變，而君子實不變也。要想他裏面光景。

君子信章

「勞」、「諫」皆不得已之誠也，豈恃其已信而「勞」、「諫」也乎？

大德章

此論學道而未至於有成者之行則可，若聖賢之學如日光普照，不察秋毫而秋毫自所不遺，是一致心事，何分大小哉。

本末章

形而下的便是形而上的，但從下處悟到上處便是。子曰「下學而上達」，是就有著落處達到無著落處。「灑掃」等項是有著落的，究竟起來卻從何處著落？一枝草也具著道之全體，中庸云「昭昭之多」、「撮土之多」，即此意也。聖賢教人都從耳聽目視、手捉足履處教，中人以下者只見得視聽捉履如此，中人以上便看到所以視聽捉履而無視聽捉履處。語上語下，何嘗丟了一頭說一頭。

仕學章

此重實學也，言當實其理，不必履其事，與賢賢章同意。

致哀章

聖人制禮，所以抑其過，補其不及。喪雖貴哀，然盡哀亦要盡禮，故曾子曰「慎終」、子曰「死，葬之以禮」。此章一「止」字，未免有令人失禮之弊。

爲難能章

此章心爲事用，故「放」。

堂堂章

此章心爲貌用，故「放」。存心之功難矣哉。不用則「放」，用之而有所著亦「放」。是以君子貴知止也。

聞諸夫子二章

二章是深得夫子處，總一「誠」字便了。「親喪」、「自致」是誠之不容已，「不改父之臣政」是誠孝之心常若親之存也。

爲士師章

此見聽訟者不以精明爲能，而以矜恤爲德。

紂之不善章

「不善」之弊如此，是以君子常自省也。

君子之過章

君子不能無過，但不自掩而能速改，則益見其爲君子矣。

仲尼焉學章

文武之道，內外精粗無不畢備。兩「識」字不必是聞見而識之，道在人身有所聞見是識，即無所聞見而體備之亦是識。只細玩「在人」二字，可見單說文武只統緒之相傳如此。以下四章皆序子貢之知聖，亦見夫子之聖而不可知也。

叔孫武叔二章

聖人非常人所知，叔孫其何責焉？亦以見毀譽不足爲重輕，視人之自處何如耳。

陳子禽章

「得邦家」只指出一端耳，「夫子之不可及」不專在此。

堯曰篇

此篇統發一部之旨而歸之於「中」，又統千聖之「中」而總歸於「仁」。「知」、

「寬」、「信」、「敏」、「公」，仁也；「三不知」，智也。尊「五美」、屏「四惡」，「中」、「仁」之用也；「三不知」「知」字，「中」、「仁」之體也。

堯曰章

此章重末節。「寬」、「信」、「敏」、「公」，即夫子之所謂「仁」也。千聖相傳之「中」，總不越此。此夫子所以遠紹帝王之統者也。「允執」「允」字最重，是誠敬無妄之謂。「允執」處就是「中」，非另有一「中」而用允以執之也。

子張問政章

「五美」者，中也；「四惡」者，不中也。言用而體在其中也。

不知章

此章「知」字是「中」的主宰，是監臨官。常知則常中，一不知便出外矣。三「知」字是論語一部的主腦，是時習的精神，是仁的生機關，通乎內外、體用、本末、精粗，至動而卻至靜，至變而卻至一，常止而卻無息，無爲而大有爲。「敬」其工夫而「樂」其本體，「中」其氣象而「直」其精神，無終無始、無晝無夜、無常無變，而常自昭昭常自炯炯者也。故以此終篇云。三「以」字，是任往那裏都用著他，不可須臾離的。「命」不止在流行處說，是知其主宰，若知到至處便是命。

校記

一 「所此」，疑作「此所」。

二 「夫達節」，原作一章，今據上下文體例附在問達章後。

三 「仁知解」，原作一章，今據上下文體例附在問仁知章後。

四 「仁」，原作「人」，據文義改。

五 「上好禮章」，原闕「章」，據上下文體例增補。

卷五　孟子上

二孟總論

孟子一書所以著明孔子之道，而與論語、學、庸相表裏者也。論語言「時習」、言「仁」，而孟子言「存養」、言「不動心」，著其體也；論語重躬行，而孟子言「反身踐形」，著其功也；論語言「爲政以德」，而孟子言「以德行仁」，著其用也；論語言異端之害，而孟子嚴楊墨之辨；論語不許桓、文，而孟子恥陳五霸，著其防也；論語斷論帝王之德，而孟子兼明其學力心事，著其不盡之言也；論語言「仁」、「智」，而孟子言「仁義」，著其不盡之意也。至於盡心章，著大學「誠」、「正」之體，而四端擴充、知性知天，則格致知止之實著矣；下卷著中庸「誠明」之用，而「強恕」行法，則誠之者之功著矣。要之，聖賢之道，仁爲體而義爲用。故上卷言用而體亦間出其中，下卷言體而用亦間出其中；上卷言治而究不離夫學，下卷言學而亦不離夫治，見仁義體用之相資也。聖賢之學，仁爲體而智爲功，故大學以「明德」爲首，而中庸以「明善」爲功。論語、二孟通部皆有「知」在其中，而篇末復以「三不知」、「聞知」、「見知」終焉。

梁惠王篇

此篇見仁義之用也。言用而體在其中，故章句上以「心」終，而章句下以「天」終，皆有用不離體之意；章句上舉其大綱，而章句下通方致用，見無往而無仁義，不可須臾之或離也。但其詞引而不發，讀者宜細體之。

章句上

首章

論語言「仁」、「知」，大學言「明德」、「知止」，中庸言「誠」、「明」，皆「仁」、「知」也，皆體也，言體而用在其中也。孟子言仁義，體用兼該也；言仁義，而知在其中也。知者先覺之體，而義者時措之宜也。不有先覺，何以時措咸宜也。

偕樂章

「偕樂」非可襲名而浮取也。若中無仁義則五霸之假，所以亂天下也。

於國盡心章

章內創制立法，斟酌咸宜，義也。非仁而義，何以立體也？

承教章

此言不仁不義之失，有彼此而無異同也。

灑恥章

「省刑」、「薄斂」，仁義之施也。其本源處不曾說出。

梁襄王章

「不嗜殺」，仁也。當思不嗜之源爲何如耳。

桓文章

此篇「心」字爲主。齊宣問事，而孟子言心，見仁義不在事而在心也。通篇皆是此意。

章句下

莊暴章

同樂者外見之迹，而仁義者發施之源也。

問囿章

同與不同，仁義、不仁義之別也。

交鄰章

此章智仁勇兼體用而言也。曰「天」曰「大」，見應雖變而中不動也。

雪宮章

此章先王立其本，而晏子襲其末；先王發諸源，而晏子陳其流也。末節君臣相說之樂，亦止襲其名耳。孟子以仁義久湮，不得已而從流處引之也。

明堂章

以上五章，俱是迎其機而導之，曲引之而皆不離其正也。

謂齊宣章

此見不仁義之失，有大小而無異同也。

見齊宣章

此章「慎」字，非臨事之謀。若中無仁義先覺之體，即臨時之慎，亦慎不到好處。

放伐章

此見至仁然後可以伐至不仁也。

爲巨室章

此見無知人之哲，以其無存仁精義之功耳。

勝燕章

文武之取不取，皆仁義之用也。若不仁不義，則不取已非所宜，況取之乎？

謀救燕章

此見仁義則小國無敵，不仁義則大國必畏人也。

鄒魯鬨章

此不仁義之應也。

滕文三章

三章總以仁人爲主。仁者爲善之實，不仁則「守」與「去」皆不能免也。

魯平公章

此章重一「天」字。其言雖說理數之自然，其實見聖賢立仁義之體，雖事變之來而此中寂然不動，即所謂「樂天知命」、「不動心」之體也。與論語「如命何」同意。

公孫丑篇

此篇亦仁義之用，而中指其立體之實學也。章句上序立體之學，見仁義不在事而在心也；章句下序致用之宜，見仁義在心而亦必見之行事也。

章句上

首章

此見仁義在心德，而不在事功也。

不動心章

此仁義之體也。章內「智」、「仁」、「勇」爲「不動心」之體，而「不動心」又仁義之體也。自「必從吾言」以上，辨不動心之眞僞，爲「惡似而非」之意也。自「宰我、子貢」以下，辨不動心之偏全，爲必止於至善之學也。首節寂然不動仁也，感而遂通義也，感而遂通終不違夫寂然不動之體，故曰「不動心」也。此所謂常知常覺之體、至誠無息之本然，非空寂無爲之端也。「北宮黝」以下三節，辨「似」之意也，故曰「似曾子」、「似子夏」也。大勇，直也，故曰「自反而縮」也。「志氣之帥」二節，辨「似」也，爲可中之不可也。「不得於言，勿求於心」，人共知其不可，無容辭也。「不得於心，勿求於氣」，爲凡人之所共可者，世道人心之害正在於此，故重辨之也。志爲氣帥，不過頭腦耳；氣爲體充，則周身之所賴也，看來氣更重於志矣。「志至氣次」，言志之所至，氣即從而次之，如帥居某地，而卒即營次其處，非輕重之次第也。註切勿泥。「知言」非聞時之知，爲先覺之體也。氣爲「集義所生」，養之而使其常直耳。究之，「知」、「養」非有二功，總一存心養性、常知常覺之體也。「以直養之」，「直」有「敬」、「樂」、「中」在內，「直」便是「浩然之氣」，非二物也。充塞天地是滿滿當當的物事，是博厚高明悠久氣象。「集義」者，主忠信、徙義之功也。「必有事」，見非無爲之學也。心必至誠而後不動，「正」則不誠，故「勿正」；心必常明而後不動，「忘」則不明，故「勿忘」；心必如其初心而後不動，「助」則喪其初心，故「勿助」。「學不厭」者，無息之體、常知之學也，故曰「智」。「教不倦」者，不貳之心、無行不與之誨也，故曰「孔子之學，智仁勇三者而已」。孟子之不動心，亦智仁勇之體，故曰「願學孔子」也。

以德行仁章

通章重一「誠」字。「以德行仁」，誠也。上以誠感，故下以誠應也。

仁則榮章

仁中有「以德」之意。

尊賢使能章

此亦行仁也，中有「以德」意在。以上三章，言仁而義在其中。

人皆有不忍章

此見存心必當見之行事也。「知」皆擴充格物之學也，實實在事上做，非推測之知也。常知則常擴充，一不知便阻滯矣。

矢人章

此章重一「智」字。「莫之禦而不仁」，非行之不力，以知之不眞也。智者，仁之生機。常知則常行而仁，不知則不行而不仁。以上仁義俱有「智」字在內，到此方始點出。「反求諸己」，求仁之功也，而實求智之功。

子路人告章

此見仁義必期於至善，故層累而上之也。

伯夷非其君章

此言不學夷、惠之故，以夷、惠非其至善也。

章句下

此見孟子之言行去就，無往而非仁義也。

首章

「人和」，仁也；而義在其中矣。

次章三章

不枉己與辭受之宜，義也；而仁在其中矣。

四五六章

此三章皆導人於仁義也。

七章

此章仁也，而義在其中矣。

八九章

此二章見征伐非不仁，義者之所宜也。

十章至終章

此五章見幾而作，義也；而仁在其中矣。「不豫色」者，悲天憫人，哀之發而中節者，非至此而動其心也。

滕文公篇

此篇亦仁義之用，而見其功之所及者大也。章句上見仁義爲性之所具，無人不可以化於仁義也。章句下見孟子之言行隱見，無往而無功於仁義也。

章句上

滕文公章

文公，庸君也；滕，小國也。而其所陳者皆聖人之至理、仁義之王道，見聖凡無不可爲仁義也。

許行夷子章

陳相、夷子，異端也，亦必教以正道而不終絕之，見仁義之能息邪說也。

章句下

首章、二、三章

此三章見不屈之義爲大丈夫也，而仁在其中矣。二章「居廣居」，樂也、知也、坦蕩之體也，故曰仁也。「立正位」，中也、敬也、心在之象也，故曰禮也。「行大道」，直也、勇也、無息之用也，故曰義也。曰「天下之廣居」，太極之體也；曰「天下之正位」，太極之靜也；曰「天下之大道」，太極之動也。合三句，總一太極也，皆就心說，此仁義之體也。

四章

此見周游之義也，而仁在其中矣。

五章

見從古無不可爲之國，惟視仁義與不仁義耳。

六章

此見宜格君心之非也。若不仁義之君，雖有仁義之臣，亦無如之何矣。

七章

此見義之本於仁也。重一「養」字，必平日存心養性而至於仁，然後臨事而義之與比矣。

八章

此見不仁義之失，有貴賤而無異同也。

九章

重「不得已」。「不得已」是千聖的心傳，古聖人制禮作樂、修政明刑、著書立說，無非「不得已」的心事，與那「愛而勞」、「忠而誨」同心，誠之至、仁之至也。末節見不必盡聖人之道、行聖人之事，而能以言爲聖道衛者，亦聖人之類也。

十章

此辨「廉」之眞僞也。「廉」出於仁義則誠，不本於仁義則僞。仲子避兄離母，不仁也；不食世祿，不義也。不仁不義，故曰「仲子惡能廉」。

卷六　孟子下

離婁篇

此篇見仁義之不可不學也。學者反之之功，以「誠」為主。故章句上言「反身」而次及於「誠」，章句下言有本而次及於「存幾希」、「存心」；章句上泛言仁義之當學，而章句下又序古帝王聖人之學皆不出此。蓋總一存誠之功也。

章句上（註一）

離婁章

此章離婁、公輸、堯、舜，皆性者也，而必以規矩、六律、仁政，則皆不廢學也。章內「遵先王之法」，若非學問之功，則仍五霸之外襲而流於假矣。故必用反之之功、思誠之學，然後可以行其道而遵其法也。此所謂引而不發，學者宜細體之。「聖人既竭」一節，耳目之力皆心思。聖人既竭，不惟竭一己之心思，而天下後世之心思皆既竭。雖有智者，亦不能出其外矣。此先王之道，所以當遵也。

規矩章

此亦見堯舜之竭心思也。曰「道二」、曰「而已矣」，見聖凡之界幾希之間耳。「出乎此，則入乎彼」，此緊著鞭語也。

三代章

此見不學仁義之失也。

反求章

此學仁義之實功也，「反」之中有格致誠正之功在。遵先王法堯舜，止此反身之功耳。

人有恒言章

此因上章之「反求」而序及之，見「反求諸身」正以身爲天下國家之本，即論語「務本」之意也。

爲政不難章

身正然後不得罪於巨室，非有他道也。

天下有道章

此章「師文王」、「好仁」亦止反身之功耳。

不仁者章

「自取」者，身自取之耳，是不反求之失也。

桀紂之失章

此章重「志於仁」。「志於仁」者，反身之功。必志於仁，而後能「與聚」、「勿施」也。

自暴章

自暴自棄，是不反求者也。此統君民上下而言之。

道在爾章

「爾」、「易」雖指出「親」、「長」，其實親親長長亦必由反求之身耳。

思誠章

思誠者，反求之功。至誠而動，則身正而天下歸矣。章內「明」字最重。明者誠之功，常明則常誠。一不明則不誠，而不自知矣。自此以下，章章有誠明意在。誠者仁之體，明者義之體也。

伯夷辟紂章

行文王之政，非誠明不能。

強戰章

「善戰」等三者，皆以學術之不正，不能誠明故也。

存乎人章

此見不誠不明則心不正，心不正則身不修矣。

恭者章

此見反身之功不在外也。

嫂溺章

以前之言行，皆以道援天下也，故序及之。

教子章

此見齊家治國總一正身之功耳。

事親章

守身養志總一誠明之功耳。

人不足適章

格心非誠明不能。上章事親以誠明，此章事君亦以誠明耳。

有不虞章

此見貴能誠身也，外來之毀譽何與焉？

易言章

「無責」，言未實反求諸身而任其責耳。

人之患章

此見不知正身而徒欲率人，是不誠明之過也。

樂正子二章

樂正子以善信而失身，是不誠明之故也。

不孝有三章

此見舜之誠明也。舜盡事親之道，誠也；不告而娶，明於庶物也。

仁之實章

「事親」、「從兄」只說得一個「誠」字，此見天下之理一誠焉盡之矣。然此中「明」是骨子，亦有「明」的意在。

底豫章

舜盡事親之道，而父「底豫」天下化，誠之至也、明之至也。以此終篇，見堯舜之仁政皆以誠也。

章句下

舜文章

「揆一」，非其行一，其誠一也。見千聖總不外乎仁義也。

子產聽政章

以其不誠，故殊揆耳。

孟子告齊宣章

此見上以不誠感，下亦以不誠應也。

無罪而殺章

此示人以知幾之哲也。知幾其神，乃先覺之體也。此雖就事說，卻是雙關語。

君仁章

此亦雙關語。心為天，君亦隱在其中。

非禮之禮章

「弗為」，明也。本於先覺，則誠矣。

中也養章

千古聖賢無可棄之人，亦養「不中」、「不才」之道也。若有一棄心，便是誠明未至，便是不賢，何分賢不肖焉？

人有不為章

「有不為」，明也；「有為」，則誠也。

言人之不善章

責人總難免患，自反則自無患矣。

不爲已甚章

聖人一誠而已矣！故無過不情，亦無過情者。

大人二章

「果」、「信」出於無心，惟一誠而已矣，故義之與比焉。「赤子之心」亦誠而已矣，但不知明善也；「大人」則誠明兼盡之矣。

養生者

養生或有不誠，送死則無不誠矣，故曰「可以當大事」。

君子深造章

「深造以道」，格物之學也。在實行上說，故曰「深造以道」；在心上說，故曰「自得」也。「自得」則知止矣，「居安」則有定矣，「資深」則靜安矣，「左右逢源」則能慮而無不得矣。通節只盡得一誠，只盡得一明而已矣。

博學詳說章

識得誠明眞面則無容說矣。

以善服人章

此即論語「爲政以德」之意也。「養」中雖亦有政，然所以者，只是這個大學至善之道而已矣。

蔽賢章

好善惡惡，直也、誠也、生人之理也。「蔽賢」則生人之道喪矣，故「實不祥」也。

水哉章

以上皆有探本之意，故此章序及之。

幾希章

「存幾希」者何？即前章之誠，後章之心也。存者，明也。常明則常存，明之自然處便是誠，此務本之學也。

舜節

「明察」者，至誠先覺之體；「由行」者，不舍無息之用也。皆兼動靜存發說。

禹至周公四節

此四聖各自入手工夫，後皆至於誠而化矣。

春秋章

「其義竊取」，行所無事也。誠則明矣，故義之與比也。

君子之澤章

此序仁義之淵源也。

可以取章

此仁義未至於誠明之失也。

逢蒙章

此見治人必先以治己，亦反身之義也。

西子章

此與論語為山章同意。

天下之言性章

此見誠者性成之理也。「故」者本然之誠，「利」者明以照之，全其本然之誠而已矣。「利」非果無所事，但率其性而無失已耳。如「視思明」之類，即「利」之功，率性之道也。

公行子章

無過於禮，率性之道也，故之利也。

存心章

此即幾希之存也。「自反」即前「反求」之功也。仁，溫也；禮，理也。自其心之渾然靜安處言之曰仁，自其心之條理精明處言之曰禮。究之心與仁、禮非二物也。仁者，非存心於愛，而遇人便愛；有禮者，非存心於敬，而遇人便敬。此所謂誠中形外，施於四體，四體不言而喻也。

禹稷顏子章

此即首章「揆一」之意。

匡章章

匡章近於誠，故孟子無不與之辭。

曾子子思章

此亦「揆一」之意也。

瞯夫子章

此見聖凡亦「揆一」也，但凡人失之耳。

齊人章

此見世之學者，亦襲仁義之名而中無誠明之實，故至求富貴利達，入於乞人之鄉而不自知也。學術者，治術之本，可不慎哉。

萬章篇

此篇見孟子之仁精義熟，誠之至、明之遠，爲千聖心印之學也。故章句上斷論往聖，不問言事之有無，而皆以心理斷之，使天下後世無或不決之疑。章句下定聖人之品號，明王制之赫嚴，論處事接物之攸宜，皆義之與比而毫無適莫之見，其有功於古今之聖道人心者豈淺鮮哉。世之學者或以「好辨」之說，不默會其義理之蘊蓄，而目其言爲文詞之表著，謂有戰國習氣者，其侮聖言之罪大矣！

章句上

首章至傳賢章

臣君父章以理斷之，餘皆以心斷之也。

割烹章

「知」、「覺」二字，始知曰「知」，常知曰「覺」。知者，至明之體；覺者，惺惺不昧之功，皆在心不在事理。「知」即知止，「覺」即靜安而能慮，總一明德也。註作推測之「識」、解悟之「明」，勿泥。

孔子主章

曰「有命」，見常安而不動心也，非假天命以寬之。

章句下

首章

此創斷也，爲定評也。「智之事」言未發之中，存之養之，使其爲常知常覺之體耳，故曰「智」；「聖之事」言已發之和，無事無理之不各中，故曰「聖」。「聖」爲有規矩之事，尚可以安排而能，故曰「力」；「智」爲無聲臭之體，不可以安排而能也，故曰「巧」，與中庸「不可能」同意。註分「性」、「學」，恐阻人進修之階，勿泥。

或問：智不可以學而能乎？曰：學聖者，正學其智而已。智之至，則聖之至矣。學其智，則集義而生。若學其聖，則義襲而取之也。千古聖賢都是這個派頭，所異者至與未至耳。孔子之集大成，正是至之至者也。

班爵祿章

此與愼子爲將章同意，見王章尚在，不可越也。

友德章

「友其德」爲通章主腦。若無德，則雖以天子之貴亦不得而友也。

交際章

此見義之所宜，雖受之不以爲泰；非義所宜，雖卻之亦爲不恭。此義也，而仁在其中矣。

仕非為貧章

此見仕以行義，非以計利也。

士之不託諸侯章

此見義不可不及，亦不可過也。

不見諸侯章

此見義所宜見，雖不爲臣亦見；義所不宜見，雖爲臣亦不見也，況不爲臣乎？

友善章

此見學至於至善，雖千古以上以下之善士無非吾友；學非至善，雖當世同堂亦皆非吾友也。隱然有重學之意，以爲通篇之本也。

問卿章

上段中有「有善道，則爲見幾之作；無善道，則爲無道之彀」之意，下段中有「有伊尹之志則可，無伊尹之志則篡」之意，皆從仁義得來，皆從學問中出，非外襲也。

告子篇

此序孟子之教也。見仁義之不行，由於學術之不正，而失其心性之本體也。故章句上嚴異學之斥逐，而章句下弘術學之辨論，皆不得已而教之之術，以爲世道人心之防也。

章句上

首章

此逆性之害也。

二章三章

此任性之害也。天生萬物，惟人爲靈，故道雖率性而杼軸在手，卷舒實由自主。聖賢所以有先覺之哲，爲存養之功也。若中無主宰，任彼東西，則鮮不爲禽獸矣，故三章以犬牛醒之。

義內二章

聖賢之「義」本於先覺之體，故「內」。異端失其眞源，而以臨事之察識爲能，故不知而外之也。

性善章

告子誤性爲空虛之體，故曰「無善不善」；次節誤習爲性，故曰「可以爲善，可以爲不善」；三節誤氣質爲性，故曰「有性善，有性不善」。自性善之言出而群說皆息，孟子之功詎不大哉！

富歲章

心者，性之著。此見聖凡之性同，一善也。

牛山章

此見人性本善而習之者失也。曰「日夜之所息」，見性本不舍晝夜之體，而人自賊之也。章內重一「養」字，養即操之之功，爲知止之學而先覺之體也。

王之不智章

此不操心之失也。

魚我所欲章

此見人之失其本心，亦未審理欲之輕重也。

仁人心章

此反身之功也。心不在身，故「放」。「求放心」似止言仁，然義亦必由不放心流出，故統之以此。

無名之指至人之於身章

三章皆一意，見人之放心而不知求，以未審輕重大小之實也。

從大體章

此求放心之功也。思者，常知常覺之體，兼安勉功德說。

天爵良貴章

此見富貴不離其身。下章即上章之證也。仁義添出忠信，見仁義在心不在事也。曰「樂善不倦」，見仁義本於至誠，是自然之發皇，非可襲而取也。

仁勝不仁章

此見仁非一念一事之可襲取也。

五穀章

此見仁必止於至善而後得也。

教人射章

此見學問之功是實行，非虛推也。入手處便是得手處。教者但引而不發，是在學者能自悟耳。

章句下

首章

任人亦惑於術者也。禮無輕重，禮之輕者非禮之禮也；食色亦無輕重，食色之重者權以濟夫禮者也。禮以義起，是以君子貴探本也。

曹交章

堯舜亦人耳，人豈不可以爲堯舜哉。曹交蓋不知人也。此因上章之本而序及之，亦務本之意也。

高子章

此章一誠而已矣。怨本於誠，怨亦仁也；怨不本於誠，不怨亦不仁也。上章孝弟爲本，亦本於誠也。

宋牼章

此術士也，蓋不知仁義即所以利之也。

居鄒章

此見誠爲實，幣爲虛也。

淳于髡章

仁不在名實而在心，髡蓋不知仁也。

五霸章

此見術學之非，皆五霸之假之流弊也。諸侯大夫之罪，「如得其情，則哀矜而勿喜」，五霸實罪之魁也。

愼子章

此亦術士也，蓋不知義者也。

今之事君章

此亦因五霸而序及之，見今之大夫之罪也，然亦不知仁義之故耳。

白圭二章

白圭亦術士，亦不知義者也。

不亮章

「亮」者，先覺之體；「執」者，臨事之斷。此因前數人之失而序及之，見彼等皆無常知之學也。

魯使樂正子章

好善近誠，故喜之。喜非爲樂正，爲世道也。此喜之發而中節處，非動心也。

古君子仕章

此見仕以行義，非行術也。此章始終不入術。

舜發章

此章重「憂患」。憂患者，兢業之心也。常兢業則常知，常知則常仁而義矣。「憂患」則心存，生機也；「安樂」則心放，死機也。死生在心不在身也，故曰：「人之生也直，罔之生也幸而免。」

教亦多術章

通篇皆有教意，故以此終篇焉。

盡心篇

此仁義之實學也。章句上序成德及工夫，章句下序不學之失與學而有得之善也。通部仁義歸脉於「知」，故此篇以「知」始而以「知」終焉。

章句上

盡心章

此成德也。通章重一「知」字，常知則無知，故盡其心也。常知則不識不知，而反其性之初。無聲無臭，而還其天之體也，故知性知天。「知」即性天，非別有天，性之理也。「存」者，不亡之謂。心不他亡則「盡」。到得「盡」時，依然放弛不得，故曰「存」。「存」者，知之無息者也。「性」一也，而氣質不無清濁厚薄，故喜怒哀樂之發有剛柔緩急之不中也。「知性」則一光照徹，自無此失，但定性之後依然無息之功，須是常靜常安纔是。若知「知」有少懈則仍搖搖矣，故曰「養」。「養」者，亦「知」之靜安而無息者也。「事天」只說得一「敬」字，「知」非敬不明，故曰「事天」。「事天」者，事心而已矣。「不貳」者，無息之體。「修身」者，「四勿」、「九思」之功，亦一「知」字便了。「立命」者，常知之體，非有二也。言命雖於穆不已，而此中依然聲臭不動之體。身雖千頭百緒、肆應無方，而此心惟一光普照、寂然不動之本體，則天命不由我而挺然特立乎。

莫非命章

此工夫也。「順受」亦是知之之功，非任其東西而無主宰也，故次節透出「知」字。

求則得之章

此亦工夫也。「求」者，格致之功。「得」者，知止以後之得也，亦止一「知」而已矣。

萬物備章

此工夫也。「皆備」者，太極之體在何思何慮之中。「反身而誠」，見誠者亦須用反；但一反而現成皆備，不假修爲，故「樂」。「樂」者，知止靜安之體，非歡欣鼓動之意也；「強恕」者，反身而見其不誠，故勉強而行之也。「恕」亦格致之功，但必極力而行，故曰「強」。

行之而不著章

此見人之不知道，亦未加反身之功耳。

不可無恥二章

「恥」生於「反」，「強恕」生於「恥」，故次及之。

古之賢王章

此成德也。序此於「皆備」之後，見誠身之樂。有眞知，故「忘人勢」而亦不爲驕也。

謂勾踐章

此成德也。尊德者不知有德，故常尊；樂義者不知有義，故常樂。常尊常樂，常知之體也，故「窮」、「達」皆不「失」、「離」焉。

待文王章

序意由上章來，見德義如此之尊，人何如而不自「興」也。然「興」亦必由反身之功焉。

附之以韓章

此亦成德也，亦由上章來。見中有所樂，故附以此而不自知也。

以佚道章

此亦成德也。序意由樂道來，見樂道者以道治人，則人亦樂。

霸者之民章

此見化民在德不在政，五霸雖欲假之而不能也。

仁言章

此亦上章之意。

人之所不學章

序意由上章來，見仁本於誠，非外襲也。「良知」、「良能」，誠也，兼成德及天性說。下二節言赤子之初心，特指其誠之端也。

舜居深山章

「幾希」者，誠也，知止而靜安之體也。「聞」、「見」雖感而遂通，然終是寂然不動也。

無爲其所章

此說成德工夫也，亦惟常知而已矣。

人之有德慧章

此章從「知」中又指出「敬」來。

有事君人章

序意只重「大人」。「大人」者，大學之人。「正己物正」者，「明德」即以「新民」，「止於至善」之學也。

三樂章

亦由上章來，見正己而物自正，何必王天下也。「三樂」對王天下，故指出事來，其實亦不在此。

廣土章

此見所樂存於所性也。「根於心」者，並無仁義禮智之心，惟有根而已矣。根如草木之根，但草木之根有物而無知，此根則無物而有知，是仁義禮智之化而成者也，故下文生出無窮枝葉。

養老田疇二章

此皆成德後事。「養老」、「使富」非成德之仁者不能。

孔子登章

此見聖人亦備於我矣。蓋聖道如此其大，而成章惟成其在我者而已。

雞鳴章

此見爲舜爲蹠皆在我也。

楊子章

此辨「有所」之害也。

饑者章

此見欲心之害也。

不易介章

此得常明常誠之體也。

有爲者章

此見學必止於至善而後得也。

堯舜性之章

此見得之自我則誠，襲之自外則僞也。

放太甲章

此因上章而序及之，見事必由於心之至誠，不得外假其名也。

不素餐章

此見德即所以爲功也。

尚志章

此見心即所以爲事也。二章皆成德事也。

仲子章

此見仲子無盡心知性之功也。

桃應問章

此見聖人惟樂其誠而有天下不與焉。

孟子自范章

此見居身之本於居心，亦誠中形外之意也。

虛拘章

此章總一誠也，因上章而序及之，見「廣居」惟一誠而已矣。

形色章

「踐形」即「四勿」、「九思」之功，反身之實學、知性之實行也。論語之「躬行」，大學之「修身」、中庸之「誠身」，皆此功也。

短喪章

此不誠之失也。三年之喪，誠之不容已也。此禮盡廢而宣王欲行「期喪」，亦是好意；但欲襲其名而非出於誠，丑又以不誠導之，故深責也。

君子之所以教章

此皆教之所成，非方施其教也。教雖有五，其實一誠而已矣。

道高美章

道一而已，語上不能遺下，語下亦不能遺上，引而不發而發之者，盡於此矣，故曰「躍如」。

不殉人章

殉身殉道，皆誠之自然，而不動心也。以道殉人，則心爲所動矣，聖賢必不如此。此亦成德後事。

滕更章

此責其不誠也。

於不可已章

此皆不可教者也。然聖人之仁，亦無遂棄之心。

君子之於物章

此亦成德後事。

知者無不知章

此章序意重「知」字，蓋與首章知性之「知」相應，見知性即當務之急，一知而無所不知矣。

章句下

不仁哉、春秋二章

不學仁義而學霸術，故有此失。

盡信書章

此非義精仁熟者不能辨也。

善爲陳章

此見欲無敵於天下，必黜霸術而學仁義也。

梓匠章

此見仁義在我不在師也。

舜之飯糗章

此見中有仁義之樂，則境遇皆不足以動之也。

殺人親、爲關、身不行道三章

此皆不學仁義之失也。

周於德章

此學仁義之得也。

好名章

此不學仁義而襲其名之失也。

不信仁賢章

此君子不學仁義者也。

不仁而得章

此見不學之君徼倖成功則有之，而終不能大有爲也。

民爲貴章

此見貴不在勢而在德也。如以勢論，則勢衆者反貴矣。

聖人百世章

此章序意由貴來，見聖人之爲良貴，人不得而重輕之也。

仁也者章

此章序意，見人人各有良貴也。聖以仁而貴，人皆有仁則人皆良貴矣。

孔子之厄章

此章序意，見世不知貴聖，爲世道之不幸，而聖人之良貴自若也。

貉稽章

此章序意與上章略同，見士當自成其良貴之德，不必問外來之毀譽也。

賢者昭昭章

「昭昭」者仁義之體，即所謂常知常覺者也，在心不在事。「昏昏」亦指心說。不止庸愚，即才智者亦是昏昏。此章序意，見昏昏者非良貴也。

茅塞章

此因上章而序及之，見昏昏者之茅塞其心也。

禹之聲章

此見高子之不知義，亦昏昏也。

齊饑章

此見義之所可，雖復亦宜；義所不可，則一之爲甚，豈容再乎。

口之於味章

此辨世俗之所謂，見人當脫俗而勉於仁義也。禮智者，仁義之功用；聖人者，仁義之統宗也。

浩生章

此論學功之層次，未及仁義而仁義在其中矣。「可欲」六句因浩生問「善」、「信」，而答以「善」、「信」之謂，非言樂正之爲人也。註「其爲人也，可欲而不可惡」，不必泥。凡不可欲者即惡，可欲者即善，此言理之本然也。「有諸己」以下言學之功能也，「有諸己」以前有格致誠正工夫，「有諸己」以後只存養而已矣，工夫都用不著。「有諸己」，知止時事也。「充實」者，靜安之體。「光輝」者，能慮之用。「大」、「化」、「聖」、「神」，定靜安慮之極功也。未及樂正，示浩生，勉樂正也。

逃墨章

此見能反於仁義，則可教也。

布縷之征章

此見有仁義之成德者，然後可以征民。

諸侯之寶章

此非精於仁義者，則不知所寶也。君子之佩珠玉，非寶珠玉，寶其身也。珠玉之光輝，昭其身之知也；純一，昭其身之仁也。其臧其見而終不掩其貞靜明潔之體，昭其身之無息而定靜安慮者也。故聖有偏全，視其學也；玉有貴賤，視其質也。以心象玉，以玉象心，比之箴銘諫誦而爲儀式型典，故無故而不斯須去也。彼昏不知與聲色同其玩好，是自形其穢也。謂之「殃及」，豈必滅其身家而後知之哉！

盆成括章

君子之大道，仁義也。不聞仁義之大道，雖周公之才，亦小才也。

孟子之滕章

此見仁義之教思甚宏也。

人皆有所不忍章

此見學仁義者必用格致之功也。

言近章

此示人以反身之功也。「近」、「約」者身，而身中之「近」、「約」更有在也，當靜體之。

堯舜性者章

此因上章來。上章修身已有反之見在，故序此於次也。「動容」數項總一「誠」字，然卻是常醒的，誠也而明在其中矣。「行法」者，深造之以道；「俟命」者，欲其自得之也。「反」者，聖賢之實功也。凡人之心常往而不反，故放心而不知求；聖賢之學，只反而求之，令常自守舍而已，故不舍晝夜而無間動靜也。湯之「執中」、武之「不泄」、「不忘」，皆一反而不亡者也。論語之「躬行」、大學之「修身」、中庸之「反身」、孟子之「踐形」、「求放心」，皆反之實功也。顏子之「不違仁」，反之能久者也。其餘之日月至，一反而即亡也。反而不亡，則還其性之初；反而復亡，究與不知反者等，故其餘之不得與於斯道也。

說大人章

此見仁精義熟而不動心，則威武不能屈，非驕也。

養心章

欲者，心之知識。多識多知則昏昏，不識不知則昭昭。故曰：多欲則存者寡，寡欲則存者多也。

曾皙嗜章

此見理所同也、學所獨也。聖賢之學，各有入手工夫也。

惡鄉原章

此章重反經。反經者，反身也。身能仁義，則可以化鄉原而息邪說。不然，則雖有好辨之空言，終不能正人心而息邪說也。

由堯舜章

此章「知」爲千聖之心傳、堯舜之兢業、「知之」之體也。「聞」、「見」俱不重，見道無絕續之理，或遠或近，必有「知之」之人，非必聞人而見人也。此「知」兼好樂在內，非止爲「知之」者也。

校記

一　「章句上」，原闕。據前文體例補。

偶思錄

學

知爲學根，禮爲知根。不知何學，非禮何知？書有之「動而無動，靜而無靜」，知之至也；又有之「動容周旋中禮者，盛德之至也」，禮之至也。學者學此而已矣。

存心

此身坐，此心亦坐；此身立，此心亦立。日用動靜、晝夜寢食無適不然，則心在矣。始也以心從身，久則身皆從心。視不可一時不明、聽不可一時不聰、色不可一時不溫、貌不可一時不恭，至言必時而後發、事臨我而後敬，猶有待也。若夫疑不可放過、忿不可任氣，見得而審義利，則又日用之偶然者矣，然亦不可或忘也。知之知之，曷有極之！

防

禮防於未然，刑戒其已然。事已然而刑之，雖以戒之，業已壞之。壞之而後戒之，何益哉？是以君子之立身治家也，凡事貴循乎禮。

太極陰陽

「矩」爲太極，上下前後左右爲陰陽；「知」爲太極，呼吸步趨語默爲陰陽。器有上下前後左右，而「矩」無上下前後左右；氣有呼吸步趨語默，而「知」無呼吸步趨語默。故曰：陰陽有間，太極無息。

知行

學利困勉，無非生知安行也。石鐵俱剛，鐵可以鍛而成，石不可以鍛而成，故曰：學以全其質也。生知安行，亦無非學利困勉也。耳生安而聽，目生安而視，閉目塞耳，而未有能視聽也，故曰：及其「知之」、「成功」，一也。

節

少者可以至大，而大則不可以復大也。是以君子之爲學也，凡事務循乎節。節者，禮之矩，而實陰陽之則也。

體

敬而能樂，乃謂之敬；樂而能中，乃謂之樂；中而能直，乃謂之中。四者相因，謂之主靜。靜者，知而已矣。常知則無知，無知則安而能慮，此大學之道也。仁如是，誠如是，明德如是，一貫之旨也。

智愚

草木至愚也，而生長收藏不違夫時；人心至智也，而出入無時莫知其鄉。是果孰爲智而孰爲愚乎？智愚之分，存亡之別也。

巧拙

天地無巧也，而因物賦形，形神俱全；畫工至巧也，而繪肉不能繪骨，繪形不能繪神。是果孰爲巧而孰爲拙乎？巧拙之殊，誠僞之分也。

別異

農夫知禮，不妨爲聖賢；學士無禮，不免爲禽獸。人禽之異，不別職業而別禮義也。皂隸知禮，不妨爲君子；縉紳無禮，未免爲小人。君子小人，不別分位而別禮義也。有禮則人，無禮則禽；有禮則君子，無禮則小人。危微之界、幾希之防，胡可不兢兢與！

或問：仁與誠是一是二？曰：只是一個。繪其形像曰仁，想其精神曰誠。又問：敬樂中直何如？曰：只是仁誠，又各析爲二。敬樂只完得一誠，中直只完得一仁。中直也是繪其形像，敬樂也是想其精神，這又屬四象了。我欲富便是貧人之心，我欲貴便是賤人之心。我欲富而貧人，我欲貴而賤人，勢必使人勞而我佚，人苦而我樂，人離而我合，人死而我生。一念之微，而至於賊仁賊義之甚。可不慎哉，可不戒哉！

此心常在道理上想，雖非靜正之體，亦不至於邪僻。多作則放心。或曰：制禮作樂，聖人亦放心乎？曰：聖心如印板，雖摹千萬紙，而此中毫無所動，何放之有？或又曰：聖人既竭心思，豈無所動於中乎？曰：未竭以前動處固多，既竭又何所動乎？繼之以不忍人之政，亦如印板然。

薛文清云「顏子『有不善，未嘗不知』易，『知之未嘗復行』難」，是未體會得「知」字。這「知」處便是「仁能守之」。若不守得定，則出入任彼自爲，誰其知之？誰其行之？看來「未嘗不知」較難，這正是莫著落處。

仁知是根本，禮義是幹枝。信出於仁知，而貫乎義禮，以成果實。仁爲衆理之質，禮樂法度爲仁之形，誠敬中直爲仁之性，信義智勇樂爲仁之情，其實一也。

知覺

「知」如知州知縣之「知」，「覺」如覺察利弊之「覺」。不知則「覺」於何施？不覺則「知」於何功？「知」如日月之明，「覺」如日月之照。不明則照於何自？不照則明於何見？故「知」爲無爲，而「覺」爲有功；「知」爲本體，而「覺」爲立體之用；「知」爲明德，而「覺」爲存養省察之功。常覺則常知，一不覺則知隨而墮矣。故曰「毋自欺也」、「語之而不惰者，其回也與」。

體用

體猶形也，用猶色也。未有具耳目口鼻而不能視聽言動也，故曰：「未有學養子而後嫁」、「至誠而不動者未之有也」。

或問：「周監於二代」者何？曰：監非徒求諸文爲之末，而實本於誠明之體也。故曰：「無爲而治者其舜也與」、「爲政以德，譬如北辰。居其所，而衆星共之」。

存養省察

存養省察，有安勉生熟而無異同淺深。如日月之麗天，其普照萬類而無遺者，省察之密也；其往來太虛而無違其道者，存養之熟也。故日月失其道則食，心失其存則過。故曰：「過者，無心之失」、「君子之過也，如日月之食焉」。

或問：「我」是如何？曰：「無物」便是「我」。又問：「無我」是更進一層麼？曰：只是無物之至而已。

或問：「身有所」與「之其所」是一是二？曰：一也。俱是不知之弊，但持身與接物有異耳。又問：「善必先知，不善必先知」，至誠有轉禍爲福之權乎？曰：至誠本無轉移，而禍自潛轉之耳。曰：這「知」卻是如何？曰：只是知識之俱化耳。又問：大學言「至善」、中庸言「至誠」，是一是二？曰：大學以學言，兼事功說，故曰「至善」；中庸以道言，指本體說，故曰「至誠」。其實一也。

易之六十四卦，爻畫是陰陽，中空及外白處是太極。如無太極，則陰陽變亂矣。

或問：「致曲」是何如？曰：「曲禮三千」便是「曲」，「無不敬」便是「致」。又問：「戒懼愼獨」是何如？曰：不睹不聞便是戒愼恐懼，愼便是獨，無二物。

或問：性命是何如？曰：不睹不聞、無聲無臭便是。又問：如何是本來面目？曰：無面目處便是。又問：未生之前是如何？曰：也只是無面目，原來是生的。

愼獨是不令念起，戒懼是不令念忘。

或問：「獨」中是甚物事？曰：只光光淨淨一個意，有甚物事？曰：這是有意麼？曰：這正是無意處纔是眞意。

或問：博學者何？曰：請思中庸「學之弗能弗措」。「能」是講得會，背誦得過麼？既不是恁等，看來讀那一句不是學；講那一句，只是論學也不是學。須照樣去做方是學，須做得來方是「能」。這工夫如說是行，則學便非致知了。如說是「知」，這「知」畢竟是怎樣？識得這「知」的本面，則知學矣。學是如此，博的總是如此。

應試硃卷

康熙壬子陝西元墨王吉相（註一）

鄉試硃卷

知之爲知之，不知爲不知，是知也

知以不自欺者爲眞，聖人示以自審焉。蓋知與不知必審量而後自知也，子故教由以眞知哉。若曰天下之理不可以過疑也，而尤不可以輕信。惟不敢過用其疑以自誣，更不敢輕用其信以自欺，則在我之神明以審量而後爲無弊。「吾誨女以知之乎」，吾儒不憚謀理之功，則心之出而見理者至無盡也。故殫力以求，總以全一心之明哲。學者貴有信心之悟，則心之入而見心者有可據也。苟返衷多誣，恐以損自性之淵通。女欲求知，則所知者正不可不審也。理道甚宏，淺嘗之而若爲知者，深體之而其旨正自無窮，故見所知而遽信之，何如就所知而徐思之。蓋必自求諸心而無疑，而後自任其識而無歉也。女其「知之爲知之」，則不知者又不可自諱也。學問甚深，驟觀之而若無所不知者，實求之而不知者正自多端，故強其所不知而妄希其知，何如求底於知而內省其所不知。蓋知由不知而後入，不知以自知而後進也。女其「不知爲不知」，如是而後可以言知矣。爲學之患，不患其入於愚也，而患其愚而自飾其愚。苟不輕以爲知，而日辨其所不知，則知固知，而不知者必不終於不知也。此求知之實功也。求理之難，不難於別所知於不知，而難於別不知於所知。苟眞知其所知，並眞知其所不知，則爲知者固知，而爲不知者亦無不可進於知也，此求知之切務也，是知也。蓋知存乎事者，終身難必其無疑，知存乎心者一日亦有其可信。女欲求知，其自審於知不知之間哉！

君子依乎中庸

進觀體道之君子，惟爲乎人之所當爲者而已。蓋中庸固人之所當爲者也，君子依之，此其所以爲君子哉！中庸以爲天下之不知道者，以其舍平恒之理而鶩於深奇之術也。惟取一天下所共尊之人，而究不外天下所共由之理，而後知道日在乎人中者，人亦不可自出於道外也。試由遵道者而進思夫體道之君子。君子固明道之人也，然明天下所共明之道，而非明一人所獨明之道，則不矜其識，而已立凡有識者之則矣；君子又行道之人也，然行天下所可行之道，而非天下所難行之道，則不馳其力，而已端凡有力者之範矣。我思君子殆依乎中庸乎！中庸者，理之所宜審也。理所宜審，知者不能加，愚者亦不能損焉。君子則不矜其知也，而亦不安於愚，故率乎行習之常；不加其所無加，亦不損其所無損，而惟以命於天者，渾然適從之而已。中庸者，理之所宜體也。理所宜體，賢者無可過，不肖者亦無不及焉。君子則不居於不肖也，而亦不敢恃其賢，故安乎易簡之則。不自處於過，因不自處於不及，而惟以率於性者，坦然服習之而已。此非君子故從其顯也，蓋天下之理原不在隱深之中，而在乎顯易之內。究之顯易之至，而隱深者莫能外焉。君子惟不涉於隱，天下所以常尊其道而無違。亦非君子自安於平也，蓋古今之道原非爲奇異之行，而實爲平恒之軌。究之平恒之極，而奇異者莫能出焉。君子惟不入於怪，天下所以共尊其人以立極，況又遁世不見知而不悔乎？則君子固聖人也，而豈易能哉！

言舉斯心加諸彼而已

王道存乎一心，徵諸詩言而益信矣。夫詩未嘗言心也，但由其言繹之，非舉斯其何以加彼乎？孟子故取以爲「是心足王」之證也。曰：王天下之道本於德，王天下之德本於心。惟即其心以施諸天下，則其心爲先王之所不可遏者，而其說爲後人之所不能隱也。吾試由思齊之詩而進繹之。治不本諸性情者，必不可以率下。詩非有見於性情之廣被，胡以有起化庭闈之言？德不本諸宥密者，必不可以善俗。詩非有見於宥密之博施，又何以有化暨郊圻之言？斯言也，蓋有所以加之者在也，必先有所以舉之者在也。言「舉斯心加諸彼而已」，「斯心」爲愛物之心，「斯心」即爲仁民之心，「斯心」亦即爲親親之心。惟「舉斯心」而加之，則由親以及疏者，斯心也；而由近以及遠者，亦斯心。誰謂王道之有異術與？斯心爲不忍於物之心，斯心即爲不忍於民之心，斯心亦即爲不忍於親之心。惟舉斯心而加之，則由內以及外者，斯心也；而由上以及下者，亦斯心。孰謂王業之有異治與？然則詩人之言，爲昔王之舉斯心者言也，而正爲後王之凡有斯心者言也。即其言而深繹之，而後知建極綏猷之理咸本於一心。「愷悌」之微，詩人言之，爲舉斯心而加彼者言也，亦爲有斯心而不知舉者言也。即其言而深維之，然後知興道致治之主，亦不僅恃一念惠澤之術。王欲王天下，其亦舉斯心而加之可矣！

會試硃卷

康熙丙辰會墨王吉相（註二）

子曰：君子義以爲質，禮以行之，孫以出之，信以成之，君子哉

全乎君子之道者，斯全乎君子之名者也。蓋「義」、「禮」、「孫」、「信」，君子之道備矣。而「爲質」與「行」、「出」、「成」，皆有所以焉，此之謂君子。且嘗讀易而至「義以方外」，則知主乎內者不能先事而應也，而施於外者不能不因事而善其宜，是僅言君子精義之學也，而君子正不止爲精義之學也。天下事欲以善其終，則必以善其始。始之不得其常，縱之學也，而君子正不止爲精義之學也。天下事欲以善其終，則必以善其始。始之不得其常，縱繼此之敷施盡善，不足爲大儒經世之猷。欲以善其初，尤必以善其繼，繼之不盡其美，即前此

之裁決無方，亦不足爲成人善身之德。故當其制事之始，君子則有義焉，以爲審定可否之大原，則知經知權，義之所在自無不知，明而能斷也；無固無必，義之所至自無不行，堅而能守也。是其植基於不變者然也，由是而行也，雖亦義中之措施乎，而當其節之不使或過、文之不使不及，則不曰「義」而曰「禮」。君子又「禮以行之」，由是而出也，雖亦義中之發越乎，而當其溫恭以自處，和順以接物，則不曰「義」而曰「孫」。君子又「孫以出之」，及其成也，雖亦義中之畢美乎，而當其始之不即於妄、終之不涉於虛，則並不曰「義」、「禮」、「孫」而曰「信」。君子又「信以成之」，有一理以立其原，又有衆理以集其成，非大德深於大學，其何以有初終交善之美？一事也而群善備焉，一時也而衆美歸焉，非至理全於至性，其何以有本末共貫之業？是之謂道全之君子，而非獨恃乎偏長也；是之謂德備之君子，而非以一節自好也。君子所以成天下之事而無難也，君子所以善天下之用而無過也。君子哉！

誠者，天之道也；誠之者，人之道也。誠者，不勉而中，不思而得，從容中道，聖人也。誠之者，擇善而固執之者也

論誠於天人之異，其責若有專歸焉。夫惟誠爲天道，誠之爲人道，則誠者與誠之者亦有異也？究之誠亦何嘗有異哉！中庸謂夫誠身必由明善，求誠之功固歸一致矣；但其間有理與事之分焉，有安與勉之別焉，是不可不爲君進詳之也。臣試言夫誠：誠者，吾心之實德也，而即爲吾性之實理。故論誠於賢知，誠固賢智所同也；即論誠於愚不肖，誠亦愚不肖所大同。是非有所豐而又有所嗇，有所厚而又有所薄也。蓋自天命之初，固有此全成而無歉者，爲聖凡之所共秉也，天之道也。臣更言夫誠之：誠之者，理所必盡之功也，而即爲事所當盡之圖。故求誠於學利，學知利行者，誠之之事也；即求誠於困勉，困知勉行者，亦誠之之業。是非有可知而又有所不必知，有可能而又有所不必能也。蓋自有性以後，固有此終身所有事者，爲古今之所同功也，人之道也。由天道而復思誠者。誠者，即心爲誠而誠自誠於身，即心即善而善自明於心。故誠者之中無異也，但其中由於不勉；誠者之得無異也，但其得出於不思，是固從容中道之聖人也。由人道而復思誠之者。誠之者，以心求善而善始明於心，以心求誠而誠始誠於身。故誠之者，非無得也，但善必擇而後得；非無中也，但執必固而後中，是固擇善固執之賢人也。故聖不可遽能也，賢者可勉而至，何可諉於不能也？天道非誠者不能也，人道則誠之者皆可得，亦何可遜爲獨得也？試進言擇執之目可乎。

孟子曰：人有恒言，皆曰「天下國家」。天下之本在國，國之本在家，家之本在身

即人言以遞推其本，而知身之係於天下也重矣。蓋天下國家皆本於身也，但由其序而遞推之，則各有專屬焉。「恒言」不可繹思乎！孟子若曰天下有一言之微，而致治之大原昭焉，非必爲訓誥之燦陳也，即在居常談論之中，亦有可遞推之而明其義者。吾蓋有得於人之恒言矣，偶得於言之中而不必深明其義，概推於言之外而未嘗引伸其旨。「人有恒言」不皆曰「天下國家」乎？夫天下自爲天下、國自爲國、家自爲家，夫何以言天下而必言國、言國而必言家、言家而必言天下國家？吾繹其言而知言天下而兼言國之故矣。蓋天下大矣，天下之國衆矣，而其所以大同風之準、端會極之原者，必自神畿肇其基。天下之本在國也。吾繹其言而亦知言國而兼言家之故矣。蓋一國大矣，一國之家衆矣，而其所以立郊圻之範、樹畿甸之模者，端自宮庭開其始。國之本在家也。夫天下有天下之本，一國有一國之本，至於家獨無所以爲本者乎？蓋天下之本，猶有遠邇之殊也，而家之本則不遠而伊邇矣；國之本，猶有內外之別也，而家之本則不外而維內矣。是故推本於家，則大異推本於國、推本於天下也。彼所謂立乎天下之上、居乎一國之中而建極作則，爲天下國家所瞻而仰之、儀而型之者非身乎？家之本在身也。以此身爲家之本，其責已無容寬也，況又不僅爲一家之本，而其責顧可寬乎？以一家而觀本於一身，此身已無容諉也，況又不僅爲一家之觀本於身，而此身顧可旁諉乎？吾故於恒言之中而推其本之所遞在也，吾故於恒言之外而更知其本之有專在也，有天下國家者其知之！

先生，理學名儒，原不以時藝傳，然時藝代聖賢立言。讀先生之書可以知先生之文，讀先生之文愈以知先生之學。附刻鄉會墨六藝，學者即此一斑可窺全豹，正不必以多爲貴也。賈錫智謹識。

校記

一　「康熙壬子陝西元墨王吉相」，原置於各篇鄉試硃卷題名下，今統一標註於此。

二　「康熙丙辰會墨王吉相」，原置於各篇會試硃卷題名下，今統一標註於此。

遺　文

桃仁贊

渾看是一個，闢開是兩個，仔細端詳又四個。殼裏藏著定，定的全無根蘖；地裏長著紛，紛的生出千枝百朵億萬花果。嗟他，嗟他！你還是無知之物，還是有知之物？這還是四個？還是兩個？還是百千億萬？只一個。唯唯！天地之間本無多。

磚師贊

塊然一土，和而爲泥。一經陶成，方正自持。大廈不顛，維爾當壁。門閭勿傾，賴爾爲飾。質而用之，正直平康。於以文之，追逐其章。爾志幾何？且堅且剛。爾德幾何？用罔不臧。爾物何知？尚爾自立。我獨匪人，胡爾不如！而今而後，則汝效汝。一有差失，焚香頂禮。此過不改，此身不起。幸而有成，皆汝之施。戴爾大德，終身無欺。

堊室錄感序（註一）

堊室錄感，我夫子二曲李徵君自錄所感也。夫子抱朱百年之憾，誓終身不享世榮。奉母遺像，嚴事如生，爲「堊室」於側，孤棲其中，持心喪，室扉反鎖，久與世睽。嘗曰：「烏鳥懷巢，狐死正首丘。斯亦吾之巢與首丘也。日與靈影相依，棲於斯，老於斯，終其身無復離斯。」於是撫今追昔，遂錄所感以自傷。其情苦，其辭慟乎有餘悲，可以動天地而泣鬼神，觀者莫不欷歔墮淚，阨腕太息。在夫子不過自感自傷，而人之因觀興感者，不覺憬然悟，爽然失，是因感而觸其良心也。良心一觸，則愛敬之實，夫固有勃然而不容自已者也。由是學人知立身乃所以顯親，一切人亦隨分可以自盡。蓋懿德之好，人有同然。斯錄一布，而天下後世咸賴以興感，其有補於風化人心匪鮮。詩云：「孝子不匱，永錫爾類。」夫子之謂也。吉相方謀壽梓以廣其傳，岐陽茹令君政重風教，業已梓行礪俗，故喜而敬題數語，以附末簡。康熙二十二年重陽後三日，翰林院庶吉士古豳門人王吉相頓首拜題。

洗心水禪師語錄序（註二一）

昔在混沌，清氣未升，濁氣未沉，五色未分，游神未靈。中有其物，冥冥而性存，謂之太始，乃元胎之母也。其數爲一，一爲太極，乃森羅萬象之主。是以天得一以清，地得一以寧，時得一以行，物得一以生，人得一以靈。靈之爲言也，萃參天兩地之精華、五行四象之微奧，六爻八卦，從無一毫遺漏，在賢不增，在愚不減，豈非人生本來面目乎！何古之爲黃爲帝爲王，僅得之羲、黃、堯、舜、禹、湯、文、武也哉。所爲性覺妙明，要惟本覺明妙，而聖賢婆心與道教而俱起也。三代而還，世衰道微，然有孔子至聖生於其際，不難教聾瞶化愚頑。奈生不逢時，道大莫容，兼以楊墨塞路，退而懼作春秋。「十六字」之心傳，僅存之鄒魯布衣間矣。雖其後祥光有現，其如聖人生而未出焉，何也？甚矣！秦火一焚，性命淵源蕩然掃地，歷代先儒雖有論說，非謬則僻。如楊子之太玄、羲之之龍蛇，沈宋之應制，猶之縱皮毛已。由漢唐而至於梁武之時，西來達磨有直指人心見性之一宗，大有發明乎元始之旨，時人鮮不以異端譏之，安保美珠不混於魚目乎？竟有置自有之寶，徒索榮貴於楮墨誦讀中，一時得其揣摩，自謂風雲聚會，高車四馬，清晨塵道。人咸爭羨曰：此大丈夫之所爲也。余獨曰否。大丈夫者，天不能蓋，地不能載，矯矯乎出諸萬物之上，天子不得臣，諸侯不得友，其於我生之初，不染一塵，不隔一線，此之謂大丈夫。余是求之三秦，卒未一覯焉。近聞馬九有一和尚，人言捨家資而不貧，棄佳治而不戀，矢願出世落髮，秉戒於北，受法得悟於南禪。游至此，穿崖作洞，修證因果，誠得鷄育鳳凰、馬產麒麟之祥，因號瑞嚴禪師，永邠紳衿黎庶咸宗仰焉。余故就謁，容貌端嚴，門風峻峭，舉動威儀，實具四八妙相，豎拂杖喝，無非西來大意，允矣！當世之指南也。余故傾心教下，師以平生語錄示余，余乃三復閱之，如玄門之金丹，釋氏之圓覺，儒家之太極，一以貫之矣。稽其宗派，雖嗣臨濟，而全體大用，若雲門之北斗藏身、曹洞之君臣道合、潙仰之父子一家、法眼之曹源一滴，靡不左宜右有。諸子百家，其泰山撮土、大海滴勺也已，豈非一時之大丈夫得其本來全面目至是乎。況其行腳與佛祖同願，於是乘不分上下，根不聞純敏，皆欲提登彼岸而後已。其如智慧，爲父方便，爲母法喜，爲妻者同耶異耶。大祇因病施藥，等身裁衣。倘非有悟於鷄寒上樹、鴨寒下水，終不能明其教之異同者矣。余是泳游其普惠，亦惟洗頭於長江已耳！親切乎痛癢，亦惟揩背於桑榆已耳！庶幾乎折花聞香，擔水帶月，瞻雲拜恩也。雖然，說食未必能飽，畫餅焉能充饑，余故下愚蠢頑、經秋蒲柳，鮮不爲鏡花水月也幾希。康熙歲次丙寅年月應三陽，賜進士出身翰林院庶吉士王吉相頓首拜撰。

懷遠將軍萬程李君墓誌銘（註二）

萬程李君者，湟之冑裔也，亦偉人也。係出唐夏國公拓拔思恭，歷宋、元、明，代有爵秩，史冊班班可考也。一世祖諱賞哥，二世諱梅的古，三世諱官吉祿，四世諱察罕貼木爾，五世諱觀音保，俱仕於元。六世諱文。李公在明功封高陽伯，即世襲會寧伯英之侄也。高陽伯生七世鐸、鏞等。一本十支，鐸未嗣職，不祿。次弟鏞，襲實授百戶。若鉉、釗、銓、鑄、鋭、鎧、鋐、錦，皆爲宗屬。鏞生八世璋，璋生九世楨，楨生十世繼勳，繼勳生十一世世顯，嗣世職，出征陣亡。十二世愈茂，因父陣亡，功加指揮同知，授武威泗水都司。單傳至十三世洪遠，襲職。歷任西寧協鎮營中軍守備。罹闖賊難，偕恭人祁氏，盡節操死。皇清定鼎，許以忠臣、烈婦題旌。之十四世，爲世襲土司指揮同知諱珍品者，君父也。元配談氏，明總兵談公世德之女、懷遠將軍懷德之長女。生子二：一即萬程君；厥弟沖霄，字鵬程，先兄而逝。生子三：長問彭，與君立嗣，潛承家緒；次問聃、問周，各承父祧焉。

君七歲，慈母見背。十一，嚴父早逝。十六，承膺世爵替職。後躬組綬，志山林，職武弁，行文士，茲其概已。且牙籤盈几，詞客滿座，不事榮顯，而有逸樂之懷，居常語親友知己，以爲人生幾何，胡終日攢眉戚戚爲耶？是以花晨月夕，美景良宵，或剪燭秋窗，或圍爐雪洞，拉閒談古話，拈韻詠新詩，此皆不可醫之癖與。夫亭池臺榭、茵蘿松石之間，總無虛度一時。以故脫略世事，曠達心胸，每作世外想。今春正月，以疾不起，永訣時，綽有視死如歸狀。因囑其舅父談國公紳及宗之知契者曰：「祖塋非吾願，別創安厝所處。垣內庭妝飾樸素，列植松竹，清潔幽雅，庶可以綏吾魂也。」仍誡遺孤，毋被綺縞而服疏布，毋餉粱肉而厭粗糲，延師力學，惟其要也，外此無他囑。噫嘻豪哉！其不爲彌留而作可憐態者，亦自分爲可以逝耳！於是受託者一一如遺命，卜宅兆於村之後壙，乃君存日所親檢者也。今啟穴於己巳八月朔，安葬於季冬八日。

君諱凌霄，字萬程。元配祁氏，世襲指揮同知誥贈驃騎將軍祁公國屏之仲女、甘肅提標中營副將祁伯豸、西寧城守營游擊祁仲豸之妹也。雖無所出，而以猶子問彭爲己子。側室申氏、劉氏、杞氏，俱不乳。君姊三妹二，俱適指揮世家。君生於順治壬辰四月十二日，終於康熙己巳正月二十七日。蓋歷年僅得三十有八云。謹按狀而誌之，爰爲之銘：

不嗇其福，而靳其壽。彼蒼有心，期昌厥後。
不血其傳，而子其侄。一體之裔，孰云有二。
不翺翔於王路，而樂泉石以知還。
夫亦留有餘之澤，欲錦帶礪於河山。

賜進士第翰林院庶吉士王吉相頓首拜撰。

校記

一　錄自李顒：二曲集，清康熙三十三年鄭重、高爾公刻後印本。

二　錄自藍吉富主編：禪宗全書　語錄部三七（臺北市：臺北文殊文化公司印行，一九八〇年），頁四九二至四九三。

三　錄自李鴻儀編纂：西夏李氏世譜（瀋陽市：遼寧民族出版社，一九九八年），頁五四至五五。

附錄

一　序、跋、提要

四書心解序一

張汧

先儒解書有曰：「言言能返證於自己，事事可實按之目前。」旨哉言乎！蓋聖賢立說，隨機演法，因法施教，爲說不同而同者自在。譬之觀海者千流萬派，望洋而嘆矣，而發源有自也；觀山者千巖萬壑，應接不暇矣，而發脉有由也。四書之有解也，自集註以及大全、說約、蒙引、纂序、存疑、定本與夫淺說、合璧、直解諸書備矣。今之攻舉子業者，靡不是究是圖，然而尋章摘句，牽義拘文，致使聖賢殊途同歸之旨轉成百徑千蹊，良足慨矣！此無他，皆由求聖賢之言，而不求聖賢之心；求聖賢之心，而不求自己之心故也。陸象山云：「此心同，此理同。」學者立千百世之後，讀千百世以上之書，期於聞道耳！皓首窮經，掩卷茫然，甚且甫博一第，棄如土苴，其胸中所得者果安在哉？古豳天如王太史，篤志力行君子也。癸亥歲，余以分藩關中，因獲識荊，望而知爲好學士，聆音接詞，恨相見晚。嗣出其所爲四書心解，問序於余。余受而卒業焉，乃歎天如之用力於理學者深也。其辭簡，其意該，其立說也貫，其取類也明，要以使聖賢之心無憾於我心而止。觀其言曰：「道以仁爲體而義爲用，學以仁爲體而知爲功」及「靜而無靜，動而無動」、「多識多知則昏昏，不識不知則昭昭」等語。噫，此理豈章句腐儒之所能窺其涯涘哉！學者觀書貴得大意，得是編而求之，其亦庶乎群流之有星宿，而衆峙之有崑崙乎！抑余更有望焉。理無終窮，學無止息，以天如之沉潛攻苦，充其所至，將有不可量者，又何難與朱、程、張、周諸大儒同登理學之堂奥也？天如勉乎哉！康熙歲在癸亥重陽後二日，同館弟張汧謹序。

四書心解序二

李顒

四書，傳心之書也。人人有是心，心心具是理，而人多昧理以疚心。聖賢爲之立言啟迪，相繼發明，譬適迷途，幸獲南車，宜循所指，斯邁斯征。乃跬步未移，徒資口吻，終日讀所指，講所指，藻繪其辭闡所指，而心與指違，行輒背馳。登彼壟斷，藉以獵榮網譽，多材多藝，祇以增其勝心。欲肆而理泯，而心之爲心愈不可問，自負其心，而並負聖賢立言啟迪之苦心。噫，弊也久矣！

昔有一士，千里從師。師悉出經史，期在盡授。甫講一語，其士即稽首請退，浹月弗至。師問之，對曰：「未盡行初句，弗敢至也。」必如此，始可謂善讀善闡，無所負。今求其人，王子天如其殆庶幾乎！天如質淳而行篤，問道於余，學務求心。日讀四書，有會於心即箚記，積久成帙，名曰心解，持以就正。余閉關養痾，弗克卒業，伏枕聊涉其概。蓋自成一家言，而宏綱鉅領歸本於心。至晰心之所以爲心，全在於知良。以知則中恒炯炯，理欲弗淆，視明聽聰，足重手恭，施於四體，四體不言而喻，「溥博淵泉，而時出之」，萬善皆是物也。否則昏惑冥昧，日用不知，理欲莫辯，茫乎無以自持，即所行或善，非義襲，即踐迹，是行仁義非由仁義也。夫解四書而諄諄「知」之一字，可謂洞原徹本，學見其大，余不覺擊節。

天如因請余題其首簡，余生平未嘗爲文字之習，有所題跋。身隱焉文？概絕應酬，又豈能扶病摛辭，頓有異同乎！無已，即以斯言，口授代書，試質諸善讀四書之大君子。二曲土室病夫李中孚。

四書心解序三

路德

人自束髮入塾，孰不先讀四子書。是書也，分之則四，合之則一，散之則百千萬億，而皆不外乎「一」。「一」者何也？夫子爲曾子言之，爲子貢言之，不明言所謂「一」也。曾子、子貢默契其指，而亦不明言也。及門人問曾子，曾子乃示以「忠恕」。「忠恕」也者，學者求至於「一」之道，非即夫子之所謂「一」也。夫子所謂「一」，大學言之矣，中庸明言之矣，孟子復申言之矣。中庸「達道五」、「達德三」，所以行之者一；「凡爲天下國家有九經」，所以行之者一。仍不遽言所謂「一」，使讀者反復推求，思索不得，然後示以「誠」之一言。凡曰「至誠」，曰「至聖」，皆全乎誠者也，「誠者，天之道也」。曰「戒懼慎獨」，曰「拳拳」，曰「慥慥」，曰「致曲」，曰「尊德性」、「道問學」，曰「內省不疚」，皆求至於誠者也。「誠之者，人之道也」。曰「小人反中庸」，曰「民鮮能」，曰「索隱行怪」，曰「半途而廢」，皆自外於誠者也。「誠意」爲大學喫緊工夫，其實誠之一言，貫乎三綱領、八條目之中，不專屬「意」。「誠意」乃學者下手處耳！孟子既引中庸之語而伸之矣，又曰「反身而誠，樂莫大焉」，即中庸所謂「誠」者，大學所謂「自慊」；曰「強恕而行，求仁莫近焉」，即中庸所謂「誠之者」，大學所謂「毋自欺」；曰「不誠未有能動者也」，即中庸所謂「不誠無物」，大學所謂「揜著何益」。大學、中庸、孟子之所謂「誠」，即論語所謂「一」。論語之言至矣盡矣！但學者支分節解，鮮能貫通，得大學、中庸、孟子，而論語之義若揭矣。雖然，「誠」不可驟幾，大學之「格物致知」、中庸之「擇善固執」、孟子之「盡心知性」，乃所以全此「誠」也。以天道人道並言之，則自誠明者謂性，自明誠者謂教。若專以人道言之，凡人心炯炯不昧處即誠也。雖困勉者皆有之，及其由「明」而「誠」，馴而至於「至誠」，不過完此炯炯不昧之本心。舜之「大智」、文王之「緝熙」，即「誠」即「明」，不分先後。「誠」者物之終始，而「明」又終始乎「誠」，不得歧而二之也。曩與宏道諸子講誠明，聽者悶悶，如墮烟霧中，因曉之曰：「誠非他，即世俗所云認眞也。」，「眞」便是「誠」，能「認」便是「明」，所以能「認」者仍是「誠」一事。「認眞」便是「曲」，事事「認眞」，便是「致曲」。「認」到慣熟後，去僞存「眞」，便是「明」，則「誠」豈杳冥昏默者哉？

邠州王天如先生，康熙壬子解元、丙辰進士，改庶吉士，養痾家居，問道於吾邑李二曲先生。聞言會悟，北面受學，潛心性命之旨。日讀四書，箚記成帙，名曰心解。以大學、中庸、孟子皆爲發明論語之道，尤諄諄於「知」之一言。謂：「仁爲知之體，義禮爲知之用，信爲知之貞德，勇爲知之強力，萬事萬物皆一知爲終始。」其言獨抒所見，不依傍程朱之說，而其融會貫通，頭頭是道，實能得人心之所同然，發前人所未發。二曲以爲「洞原徹本，學見其大」，洵不虛已。今以淺近之事證之，凡作事知可否者，人謂之明白，不知者謂之糊塗；有知之而所爲相反者，乃明於利欲，闇於義理，則謂之明白而糊塗。果有表裏明白無一毫之糊塗者，其作事也，必有可而無不可。木石不知痛楚，人人得而伐之，受者弗能禁也，有血氣者則不然；赤子初生所甘者乳，試以腥臊羶薌之物，則嚬蹙而吐之，不知其味之美也，生齒以後則不然；西子南威，鳥見之而飛，獸見之而走，魚見之而下入，不知其色之豔也，橫目之民則不然。夫知痛楚而弗受，知色味而無不悅者，豈作而致其情哉，誠也。惟誠故明，亦惟明故誠。聖賢之於禮義，猶知色味者之悅色味也；其不徇利欲也，猶知痛楚者之弗受痛楚也。其悅之也誠，其弗受之也誠，此即中庸之所謂「誠明」、論語所謂「一以貫之」也。中庸言「明誠」而終以「知遠之近」、「知風之自」、「知微之顯」，大學言「格物致知」而終以「絜矩之道」，孟子言「盡心知性」而終以「見知」、「聞知」，皆與論語終篇「知命」、「知禮」、「知言」之旨互相發明。一部四子書，只是教人明。明可教，誠不可教也；明有待於教，誠則不待教也。得此意以讀群書，其言之非者，不足以眩我；其言之韙者，亦正如散錢滿屋以索子穿之可矣。先生之言，殆眞不易之言也！

夫是書之刻，經今百六十餘年，板藏於家，散佚無存。邠有義士楊西坡者，惻然傷之，髦年搜求完本，將議重刊，疾作不果，傳次子春山成其志。春山家中落事，弗克舉。越三十餘載，吾友愚若孝廉司鐸於邠，慨然以興廢舉墜、表微闡幽爲己任，一見是書，珍如拱璧，使春山攜書示德，屬作弁言，與諸同志者募金而梓之。俾前賢著述不至終湮，啟迪後人，甚盛舉也。然非春山善守是書，亦廣陵散矣。諸君之好義不可及，抑亦先生此書實有不可磨滅者哉！

道光二十四年春三月，後學盩厔路德序於宏道書院之清谷草堂。

四書心解序四（註一）

李元春

邠州王天如先生，二曲門人也。康熙中成進士，入翰苑。既辭官歸，決意舍去文章之業，潛心理道，刻意勵行，晚著參思錄及四書心解二書。癸卯冬初，三原門生楊生秀芝攜四書心解來，又持先生鄉席生尚寶書，言其學師賈若愚先生將率闔學祠先生於鄉賢，並刊此書，求予序。

此書舊有刻，失其板，存者原稿尚有二曲序，予閱之，意不盡合。予之學，朱子之學也。先生學二曲者也。二曲講象山心學、陽明良知。予嘗以爲心學、良知皆不誤，宗朱子者辟象山、陽明亦太過；然謂象山、陽明於此無偏不可也，二曲之學亦然。今先生守此一脉，時又自出心解，不盡主三家，而解四書與朱子集注相戾者多。朱子之學之精盡在四書，其爲功於後學亦盡在此，不知幾經研究而後得此。雖其文字之精，亦斷非後人所能及。今先生書乃多異說，使予爲序，當若何置筆？既而思之，此事公道也。阿前賢即不免誤後學，予不取象山、陽明學，而不以心學、良知爲非；宗朱子學，於四書亦有不盡取而取諸家之說者。如論語「麻冕」、「紺緅」、「侍食先飯」，孟子「請野」節「鄉遂用貢」、「都鄙用助」，俱本舊註是也。嘗自爲說而亦不自知其是非，但平心考古參理，以俟後人而已矣。先生此書請略言一二。

先生重躬行實踐而歸主於心，歸原於「知」，此眞二曲之學。書言「亶聰明，作元后」，中庸言至聖五德，而以聰明睿知爲本。孟子言「四端」，皆在心，以知先之；言「愛親敬長」，以知統之，本聖賢相傳之旨。顧謂言心可廢外、言知可該行、言良知無俟急急於學，非也。知行不可偏廢，而以知爲先，以行爲重。良知本不昧，而氣拘物蔽有昧之時，則學爲急。夫子屢言博學，孟子亦同。若謂知可該行，知得即行得，本爲一事。譬如殺人，孰不確知其不可，竟有乘怒而殺之者；死君父之難，人孰不可知其可，竟有隱忍而不死者。此孟子所謂「知言」又須「養氣」也。大學聖經以知止、定、靜、安、慮兼行說，非也。又如「格物」一條，此朱子、陽明大相戾者，而先生兼斥之，予以爲皆非。朱子言「窮至事物之理」，是也；陽明以格物爲去私，混學修爲一矣。先生謂如朱子說，當問盡天下路然後走得，不知知行自並進耳！程朱累言之，即聖人四教，只文行二者之意。知行合一，惟聖人功至然後能之。先生說是不得朱子之意也。陽明說固非，以爲空寂無爲之學，亦不然。陽明如象山，講心學近空寂，此亦解「格」字非空寂無爲也。又如論語首，朱子解「學」爲「效」，本於書，正辟象山先生解「學」字，又不如象山以「覺」爲「學」猶有據，而似反涉於鑿。如此類可疑者不少，予焉能起先生於九京，與之一一相質哉！而蓄疑於心，亦安能不自獻其疑哉？

雖然，先生學二曲、陽明、象山之學，眞學也。解四書多以四書證四書，會之於心，時與舊說不同。此鑽研過深者，今人並不能如此用心也。今人多好駁朱子，不知析理之精，孟子後無如朱子。今人肯讀書者務漢學，博見或過於朱子，亦多據鄭、賈諸儒以駁朱子，而揆之理反多不合。竊觀考據莫盛於本朝，中亦有見之精者，而穿鑿正復不少。朱子所訂豈能盡合於古人，而以理參之合者自多。以朱子所訂之書當朱子之書讀之自得，然則先生之四書心解即作先生之書，刊之、讀之可也。先生講理學不講漢學，故解理多而解典制名物爲少。予謂理學、漢學當一以貫之。近有以薛退思野錄，張百川四書辨疑貽予參訂謀刊者。退思野錄，象山、陽明之學也；百川四書辨疑，意遵注疏，典制名物之學也。予不盡取焉，而歎前人用功之深，皆不啻倍過今人，於先生四書心解亦云爾。席生稱其鄉父老言先生家祀孔子，又置一厚磚，磚上有銘，少有過差，即加磚頂上，跽神前，若弟子之對嚴師，此眞二曲躬行實踐之學，今人所尤不能者，以入賢鄉何愧！宜二曲心許之也。讀心解者亦即比之於二曲反身錄，不盡作解四書觀，斯爲得之矣。

四書心解跋一

韓　鈐

古人不朽有三，「立言」居一，蓋其關乎世教，繫乎人心，而後可謂之不朽。「立言」誠戛戛難之哉！況四子書，聖賢微言奥旨，所以開示後學者無方無體，非融會貫通而以心上契乎聖賢之心者，其何能言之精切不磨也。士子自束髮受書，以後爲理學，成大儒，未有舍四書而能傳世者。爲其理則闢而愈精，義則研而迭出，如剝蕉心，如抽繭絲，鈍根人何敢道其隻字。古豳王天如先生者，名宿也。掇巍科，登藝苑，爲一鄉領袖，著有四書心解四卷，偶思錄一卷。本其心所獨得，一洗講家之習，曲而達微而顯，升孔孟堂，入程朱室，發前人所未發，其有功於世教人心也，豈淺鮮哉！惜其閱時既久，簡斷編殘，瓣香幾墜，一髮千鈞之繫，使聽其日漸消磨而珠光劍氣勢將韜晦而不復彰，非惟失士林之望，抑亦守土者之過也。爰與廣文鄠上賈錫智愚若、洮州王夢熊璜溪，暨在學諸生重加校讎，以付剞劂。闡作者之心思，貽後來之圭臬，將於是乎在！而其書不朽，即其人亦與之不朽矣！書成，特綴數言，識於簡末。道光廿有四年夏月，知邠州事汾陽韓鈐記。

四書心解跋二

賈錫智

粤稽公劉國豳，太王居之，是邠固有周數聖人發祥之地，邠誠卓然名區哉！自漢唐以迄前明，名人輩出，悉數難終。至我朝，有王天如先生者，寒儒崛起，艱苦力學，於聖賢之言身體力行，著有四書心解四卷、偶思錄一帙。李徵君推爲篤行君子，張方伯稱爲理學名儒，蓋有以觀其深矣！百餘年來，板片散佚，深爲浩嘆。癸卯秋，從義士楊西坡家得其原稿，徒切仰止，莫測涯涘。亟請序於吾友路閏生先生，弁之篇首。閏生先生又與州牧韓寶臣先生協力倡捐，重付剞劂。今幸其書告成，先生生平之心血昭然重明，後之學者亦可聞風興起。至先生之學之行，堪追蹤於古大儒者，自有二曲先生諸序在，余何人斯奚敢贅言？板存學署，後之君子尚謹護之。道光甲辰五月，邠州學正鄠 賈錫智謹跋。

續修四庫全書四書心解提要

倫　明

四書心解不分卷，康熙二十二年刊本，清 王吉相撰。吉相字天如，陝西 邠州人。康熙丙辰進士，改庶吉士，潛心性命之學，嘗問業於李中孚。是書蓋其養病家居時所作。自序謂「心解者何？解心也。治心而不解心，恐講習討論之總無當於心」云云。其書自抒心得，以傳注解格物爲窮至事物之理，誠意爲自修之首，而明德八條皆有次第工夫，則是以致知爲學問思辨之功，以誠正修爲篤（註一）行之功，分知行爲二事，而淺視致知爲推測之能也。故其釋格物不取朱子之說，然亦不取陽明致良知之說，謂「將物字看做物欲，格得物欲淨盡，自然靜極生明」，此是無爲之學，未免落於空寂。又謂「格物物格，是安勉的界限。格物如搭燈照路，照一步走一步；物格如明燈當懸，物來即便順應」，又謂「傳註誣認『知』字，故通部（註二）

中解『知』，皆向事物之外邊，不知知行原是合一，皆在心上。如單就事物說，試思未遇事物時，遂可昏昏無用也乎」。按：此論極精闢。其釋大學、中庸、孟子，以爲發明論語之道。大旨尤諄諄於「知」之一言，謂「仁爲知之體，義禮爲知之用，信爲知之貞德，勇爲知之強力，萬事萬物皆一知爲始終」。書中說理處，俱能貫通融會，絕不依傍他家。前有張汧及李中孚二序。中孚序謂其「洞見本原，學見其大」，可謂推許之至矣。書刊於康熙癸亥，道光間重刊，有路德序。

二 傳記

關學續編王吉相傳記（註四）

王心敬

王吉相，字天如，邠州人。生而恬退端諒，非禮不行。中壬子鄉試第一。丙辰，成進士，選庶常。每自嘆：「學不見道，何容以未信之身立朝事主？」請告歸，受業二曲先生門。先生授以知行合一之旨，天如躬行力踐，期於必至。未三年，一病不起。君子以爲如天如之行己有恥，使其造詣有成，當必不愧先賢，而一旦摧折，蓋吾道之不幸云。

關學宗傳王吉相先生（註五）

張驥

先生諱吉相，字天如，自號古豳病夫，邠州人。生而恬退端諒，非禮不行。舉康熙壬子鄉試第一人，登丙戌進士，選庶常。每自嘆：「學不見道，何容以未信之身立朝事主？」請告歸。受業於李二曲之門，二曲授以「知行合一」之旨。先生躬行實踐，期於必至。日讀四書，思及於「格致誠正」、「三不知」、「聞知」、「見知」之語，恍然曰：「『知』爲千聖心傳，曰欽明、曰濬哲、曰克明、曰智、曰明、曰明德、曰知性知天，皆知也。故仁爲知之體，義禮爲知之用，信爲知之貞德，勇爲知之強力，而敬爲知之工夫。他如誠也、樂也、中也、直也，萬事萬禮，皆一知之終始也。識得這知，則千聖心傳一以貫之矣。」未三年病卒。君子惜之。著有四書心解四卷、偶思錄一卷。

校記

一　錄自錄自李元春桐閣文鈔卷四，清光緒十年刻本。

二　「篤」，原作「篤」，據文義改。

三　「部」，原作「步」，據文義改。

四　錄自魏冬：新訂關學編（西安市：西北大學出版社，二〇二〇年），頁二三〇。

五　錄自張驥：關學宗傳（西安市：陝西教育圖書社排印本，一九二一年），卷四十一。

古籍景印叢書．典籍點校整理叢刊　0304Z02

王吉相集

作　　者　〔清〕王吉相
編　　校　張波　胡蓮
責任編輯　林以邠
實習編輯　黃郁晴　尤玟萱　吳秉容
　　　　　徐宣瑄　許心柔　許雅宣
　　　　　陳巧瑗　葉家褕　謝宜庭

發 行 人　林慶彰
總 經 理　梁錦興
總 編 輯　張晏瑞
編 輯 所　萬卷樓圖書股份有限公司
　臺北市羅斯福路二段 41 號 6 樓之 3
　電話 (02)23216565
　傳真 (02)23218698

發　　行　萬卷樓圖書股份有限公司
　臺北市羅斯福路二段 41 號 6 樓之 3
　電話 (02)23216565
　傳真 (02)23218698
　電郵 SERVICE@WANJUAN.COM.TW
香港經銷　香港聯合書刊物流有限公司
　電話 (852)21502100
　傳真 (852)23560735

ISBN 978-986-478-785-2
2023 年 5 月初版一刷
定價：新臺幣 460 元

本書為臺灣師範大學國文學系 2022 年度「出版實務產業實習」課程成果。部分編輯工作，由課程學生參與實習。

如何購買本書：
1. 劃撥購書，請透過以下郵政劃撥帳號：
　帳號：15624015
　戶名：萬卷樓圖書股份有限公司
2. 轉帳購書，請透過以下帳戶
　合作金庫銀行　古亭分行
　戶名：萬卷樓圖書股份有限公司
　帳號：0877717092596
3. 網路購書，請透過萬卷樓網站
　網址　WWW.WANJUAN.COM.TW
大量購書，請直接聯繫我們，將有專人為您服務。客服：(02)23216565　分機 610

國家圖書館出版品預行編目資料

王吉相集/(清)王吉相撰 ; 張波, 胡蓮編校　. -- 初版. -- 臺北市 : 萬卷樓圖書股份有限公司, 2023.05
　面 ;　公分. -- (古籍景印叢書. 典籍點校整理叢刊; 304Z02)
ISBN 978-986-478-785-2(平裝)
1.CST: (清)王吉相 2.CST: 四書 3.CST: 學術思想 4.CST: 研究考訂 5.CST: 儒家

121.217　　111019588